汽修高手维修实例精选丛书

# 大众奥迪车系
## 故障诊断思路与排除案例精选

主　编　秦志刚

副主编　李　茜　李　赟　孙　山

主　审　王欲进

U0367715

机械工业出版社

CHINA MACHINE PRESS

本书根据维修总监多年实践，归纳总结了大众、奥迪车系在维修实际工作中出现故障频率最高的28种故障现象，对每一种故障现象都有准确的定义，并给出详细的故障原因逻辑分析图。结合典型的故障实例，通过故障码截图、电路图、故障点或损坏件照片对比分析，读者更容易理解诊断分析流程，在实际工作中也可以依照故障现象去借鉴或套用案例，提高一次修复率，缩短维修时间。

全书分为发动机、底盘和车身电气三部分内容。

本书适合有一定汽车维修基础的初、中级维修工及技师在诊断排查故障时作为指导性工具书使用，能帮助读者梳理诊断分析思路，快速找到故障切入点，提升维修技能。本书也可作为汽车维修专业学生的综合实训辅导教材以及汽车维修技师培训教材。

**图书在版编目（CIP）数据**

大众奥迪车系故障诊断思路与排除案例精选 / 秦志刚主编.
— 北京：机械工业出版社，2021.1（2024.1重印）
（汽修高手维修实例精选丛书）
ISBN 978-7-111-67291-3

Ⅰ.①大… Ⅱ.①秦… Ⅲ.①轿车—故障诊断 ②轿车—故障修复 Ⅳ.①U469.110.7

中国版本图书馆CIP数据核字（2021）第022381号

机械工业出版社（北京市百万庄大街22号 邮政编码100037）
策划编辑：齐福江　　　　责任编辑：齐福江　徐　霆
责任校对：张　力　　　　封面设计：严娅萍
责任印制：常天培
固安县铭成印刷有限公司印刷
2024年1月第1版第3次印刷
184mm×260mm·14.5印张·328千字
标准书号：ISBN 978-7-111-67291-3
定价：128.00元

电话服务　　　　　　　　网络服务
客服电话：010-88361066　机 工 官 网：www.cmpbook.com
　　　　　010-88379833　机 工 官 博：weibo.com/cmp1952
　　　　　010-68326294　金 书 网：www.golden-book.com
**封底无防伪标均为盗版**　机工教育服务网：www.cmpedu.com

# 前　言

　　随着国内汽车保有量的进一步增加，相应的汽车售后维修、保养业务也大幅增长。大众、奥迪汽车得到了很多消费者的认可，其技术特点和控制策略也独具一格。如何在保证质量的前提下缩短这类汽车的维修时间、提高一次修复率是当前迫切需要解决的问题。

　　根据作者20多年在一线从事汽车维修的工作经验及在汽车职业院校兼职的教学经验，本书改变以往从汽车各个系统入手分析的思维模式，而是以售后维修中最常见的故障现象为切入点，归纳总结了大众、奥迪车系在实际维修工作中出现故障频率最高的28种故障现象，给出详细的故障原因逻辑分析图，更加符合维修实际场景及需求，精准地提供诊断支持。

　　每一种故障现象首先有一个精确的定义，如起动困难故障现象分为一直不能起动、冷机起动困难、热机起动困难。只有对故障现象进行精确的定义和划分，才能有针对性地进行相关的诊断分析。书中也纳入了在售后工作中容易出现返修的故障。

　　针对每一种故障现象，都归纳了一套以实际维修经验为基础总结出来的有效的诊断分析流程，读者按照这个流程去检查分析，就可以用最短的时间找到故障原因。结合典型故障实例，通过故障码截图、电路图、故障点或损坏件照片分析对比，读者更容易理解诊断分析流程，也可以依据故障现象去借鉴或套用案例，提高一次修复率，缩短维修时间。

　　本书适合有一定汽车维修基础的初、中级维修工及技师在诊断排查故障时作为指导性工具书使用，能帮助读者梳理诊断分析思路，快速找到故障切入点，可以使维修人员迅速提升维修技能，成为合格的汽车维修技师。本书也可作为汽车维修专业学生的综合实训辅导教材以及汽车维修技师培训教材。

　　本书由秦志刚主编，李茜、李赟、孙山担任副主编，王欲进主审，参编人员有顾小冬、唐龙泉。

　　书中不足之处，欢迎读者指正。

编　者

# 目 录

# 第二部分 底盘部分

# 1

# 发动机部分

# 一 发动机无法起动故障诊断分析

▶ **故障现象定义**

点火开关可以正常打开，无论此时处于冷车还是热车都无法起动的故障现象。

▶ **故障诊断分析流程**

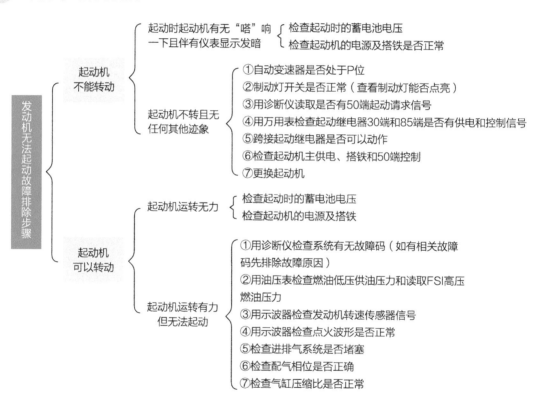

## 案例 1 奥迪 A6L-C6 2.0T 发动机大修后无法起动

**车辆信息**

| | | |
|---|---|---|
| **车型**：C6 2.0T | **发动机型号**：BPJ | **变速器型号**：01J |
| **VIN**：LFV3A24F8B3****** | **行驶里程**：286300km | **故障频率**：一直 |

## 故障现象

该车因机油消耗大到站大修发动机，以解决机油消耗高的问题。大修完成装车后出现在起动时发动机转动正常但无爆发的现象。

## 诊断分析

用诊断仪检查发动机控制单元，没有任何故障记录。维修人员尝试给进气歧管喷射化油器清洗剂，发动机可以起动一下，但瞬间就熄火了。读取数据流，燃油高/低压数值均在正常范围之内（图1-1）。

测量值：

| 名称： | 值： | 额定值： |
|---|---|---|
| 规定速度 | 790r/min | |
| 燃油实际压力 | 6.52000000000000005 bar | |
| 燃油油轨压力 | 62.56 bar | |

图1-1　燃油压力数据流

用示波器检查曲轴位置传感器和喷油器信号波形均正常，由于喷清洗剂后能起动一下，初步分析点火系统没有故障。检查配气正时，没有错位现象。此时分析认为是混合气稀导致无法起动，混合气稀可能原因有进气漏气、空气流量传感器或进气压力传感器信号不良；还有可能是喷油器堵塞导致喷油量不够。读取点火开关打开和瞬间起动的数据，通过和其他车辆对比未发现有明显异常（图1-2）。

测量值：

| 名称： | 值： | 额定值： |
|---|---|---|
| 转速 | 1040r/min | |
| 冷却液温度 | 18.0℃ | |
| 氧传感器控制值 | 0.0% | |
| 平均喷油正时 | 3.06ms | |
| 空气质量 | 39.22222222222222g/s | |
| 空气质量 | 39.111111111111114g/s | |
| 节气门角度（电位计） | 18.823529411764707% | |
| 点火角度（实际值） | 8.25° OT | |
| 电压 | 12.408V | |
| 进气温度 | 7.0℃ | |
| 点火角度（实际值） | 11.25° OT | |
| 相位 | | |
| 进气温度 | 7.0℃ | |
| 平均喷油正时 | 2.805ms | |
| 燃油实际压力 | 6.51bar | |
| 增压空气压力规定值 | 790mbar | |
| 增压空气压力当前值 | 950.0mbar | |
| 加速踏板位置 | 0.0% | |
| 节气门角度 | 15.294117647058824% | |

图1-2　起动瞬时数据流

尝试断开冷却液温度传感器和进气温度传感器，使发动机冷却液温度进入应急状态-48℃，此时可以成功起动，但也是瞬间熄灭。再次分析认为影响发动机起动的气缸压力、配气正时、进气系统相关信号、燃油压力均正常，最大可能还是喷油器工作不良或是发动机控制单元故障。

**排除过程**

拆下发动机进气歧管，计划在燃油导轨上外接燃油清洗装置，然后用诊断仪执行元件诊断，查看各缸喷油器能否正常动作及喷油雾化情况。但在试验过程中喷油器无法有效固定（原喷油器是通过进气歧管压在气缸盖上固定的），容易产生漏油（有失火的风险）。最后只能放弃此方案，改用将喷油器装复后在发动机上做动作测试；然后用内窥镜检查是否喷油（一般内窥镜因角度和清晰度问题，只能看到是否喷油而不能看到喷油效果）。

此处标有喷油器插接器序号

在重新安装进气歧管时，突然发现喷油器插接器线束上的编号与喷油器实际位置不符（图1-3）。该车喷油器插接器线束可能插反，维修人员装复线束时不慎误装喷油器插接器为4、3、2、1。擦干净线束上的黄色标志，可以清楚辨别出是哪缸插接器；按正常序号装复后一次起动成功。

图1-3 喷油器插接器插反

**总 结**

该车喷油器线束插反，导致在发动机工作时喷油和点火错乱无法起动。但对控制单元来说，每缸喷油器仍然是按照指令正常工作，所以没有故障码。在拔掉冷却液温度传感器和进气温度传感器后，发动机控制单元进入应急控制；此时在起动时会有4缸喷油器同时喷射的工况出现，所以可以成功起动。但起动后按正常顺序喷射则仍然无法工作，在进气歧管喷化油器清洗剂也相当于4缸同时喷射，所以也会起动。一旦在维修过程中插错插接器，往往没有数据支持，诊断很可能要大费周折。

## 案例2 奥迪Q5行驶中熄火后无法起动

**车辆信息**

车型：Q5 2.0T　　　　　发动机型号：CAD　　　　　变速器型号：0BK
行驶里程：68170km　　　故障频率：一直

**诊断分析**

将车拖回车间内检查，验证故障时发现起动时发动机可以正常转动但无爆发现象。用诊断仪检查发动机控制单元里有"P025CC 燃油泵模块促动，对搭铁短路""P02500 燃油泵模块促动，电气故障/断路"等故障码，如图1-4所示。

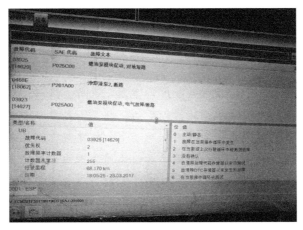

图 1-4　发动机控制内的故障码

　　用油压表检查低压油压为 0，根据上述检查初步分析导致本故障的可能原因如下：①油泵控制模块 J538 供电或搭铁有故障；②油泵控制模块 J538 损坏；③发动机控制单元 J623 到油泵控制模块 J538 线路存在短路 / 断路或线路虚接；④发动机控制单元 J623 内部故障。

### 排除过程

　　查阅相关电路图（图 1-5），根据电路图首先检查油泵控制模块 J538 供电和搭铁，经检查发现供电和搭铁良好。检查发动机控制单元 J623 插接器 T94/76 针脚至油泵控制模块 J538 插接器 T6an/6 之间线路，没有发现异常。尝试更换油泵控制模块 J538，故障没有排除。此时故障原因指向了发动机控制单元，因发动机控制单元费用较高且还需做防盗匹配，所以计划装复发动机控制单元再测量一下至油泵控制模块有没有信号输出。装复后尝试起动发动机，竟然成功起动。难道是发动机控制单元插接器处存在虚接？断开发动机控制单元插接器，用维修探针检查 T94/76，发现该端子阻力明显较其他端子要小。使用线束维修套件更换发动机控制单元至油泵控制模块的输出端子，之后反复试车确认故障排除。

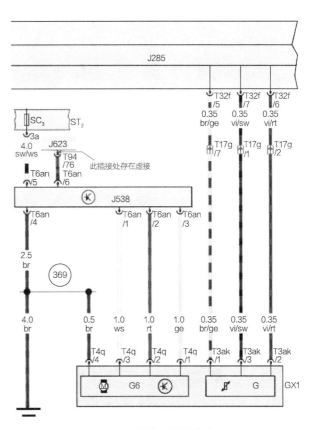

图 1-5　燃油泵相关电路图

### 总 结

发动机控制单元插接器处虚接的故障很常见，其特点是检查线路不存在短路 / 断路和虚接，因为测量该线时两端插接器处于拆下状态，且大部分时间测量端子间的导通使用通用插针无法感觉到是否有异常。对于类似线路正常且供电也正常，发动机控制单元无法输出或输入控制信号的故障，建议先用专用维修探针来检查针孔与针脚的配合间隙是否正常，正常配合应有明显阻力。如阻力与其他端子有明显差别，则应先修复或更换该端子，避免出现返修和给客户造成较大的经济损失。

## 案例 3　奥迪 A6L-C7 无法起动

### 车辆信息

**车型**：C7 2.5L　　　　　　　**发动机型号**：CLX　　　　　　　**变速器型号**：0AW

**行驶里程**：207856km　　　　**故障频率**：有时

### 故障现象

起动时能听到"喳"的一声，但发动机不能转动。

### 诊断分析

在起动时能听到起动机有"喳"的一声，同时仪表指示灯亮度没有发生变化。从上面故障现象初步分析起动继电器已经闭合，起动机也已经工作；但由于起动机的单向离合器打滑导致无法带动发动机转动。为保险起见用诊断仪检查，发现在发动机控制单元里有故障码"P305400：起动机不能转动 机械卡死或电气故障主动 / 静态"，如图 1-6 所示。

| 故障存储器记录 | | |
|---|---|---|
| 编号: | | P305400: 起动机不能转动 机械卡死或电气故障 |
| 故障类型 2: | | 主动/静态 |
| 症状: | | 10449 |
| 状态: | | 11100101 |
| ＋ 标准环境条件: | | |
| － 高级环境条件: | | |
| 发动机转速 | 0.0 | rpm |
| 标准负荷值 | 0.0 | % |
| 车速 | 0 | km/h |
| 冷却液温度 | 59 | ℃ |
| 进气温度 | 43 | ℃ |
| 环境气压 | 900 | mbar |
| 端子30电压 | 11.374 | V |

图 1-6　发动机控制单元内的故障码

从图 1-7 所示起动机相关电路图中可以看出，当两个起动继电器都闭合后，50 电源除去往起动机的吸力线圈 50 端子外还有一路 50 电源给到发动机控制单元 J623 的 T94/77。当

发动机控制单元 J623 收到 50 反馈信号且发动机控制单元没有收到发动机转速信号时，就会
判断起动机机械卡死或是电气故障。所以当诊断仪检查有故障码"P305400：起动机不能转
动 机械卡死或电气故障主动 / 静态"时，应用万用表检查起动机 50 端子处有无 50 电源及起
动机的 30 常电源和发动机搭铁是否可靠；当上述检查都正常时，就可以确定是由于起动机
本身导致的故障。

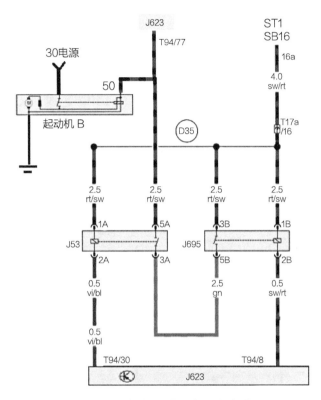

图 1-7 奥迪 C7 起动机相关电路图

总 结

对于类似故障，通过起动时观察仪表指示灯亮度是否变暗、起动机在起动时是否
有声音，再配合诊断仪检查是否存在相关故障码，可得出初步判断；只需要在起动机
处用万用表检查相关电源和搭铁是否正常，即可确定故障原因。

## 案例 4　斯柯达野帝无法起动

### 车辆信息

| | | |
|---|---|---|
| 车型：野帝　1.4T | VIN：LSVYB65L8D2****** | 行驶里程：86326km |
| 发动机型号：— | 变速器型号：— | 故障频率：一直 |

### 诊断分析

现场检查发现起动机运转有力，但发动机无爆发现象。诊断仪检查发动机控制单元内有故障码"P190E00（14631）增压压力冷却器的冷却液泵 供电电压"，初步分析此故障与发动机无法起动没有太大关联。

根据发动机起动的必要因素，引起此故障的原因不外乎有以下几点：①燃油系统压力过低；②发动机气缸压缩比过小；③点火系统不点火；④配气相位不正确。首先用燃油压力表检查低压燃油压力为 5bar 左右，高压燃油压力为 48bar；说明燃油压力系统没有故障。由于气缸压缩比和配气相位是机械问题，检查相对费时且故障率较低，所以决定先检查点火系统工作是否正常。

查阅图 1-8 所示电路图，检查点火线圈插接器 T4/1 褐绿色线到缸盖搭铁线正常；T4/2 点火信号线 0.75V 正常；T4/3 褐色搭铁线对地电阻为无穷大；T4/4 红绿线供电线为 12.2V 正常。检查结果表明点火线圈的搭铁线存在异常，检查点火线圈搭铁点 671，位于左前纵梁处搭铁固定螺母存在明显松动。重新打磨搭铁线接触面，并按规定力矩紧固搭铁线固定螺母，故障顺利排除。

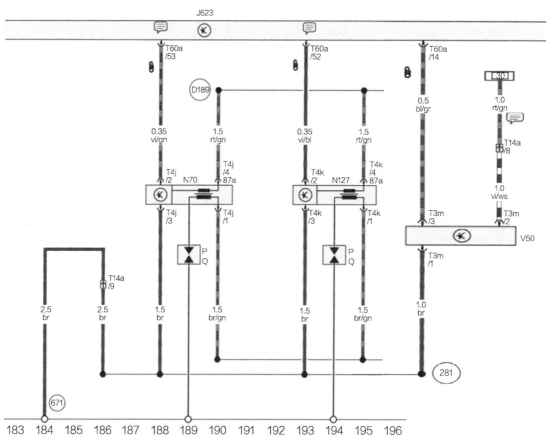

图 1-8　点火线圈相关电路图

🔑 **专家提示**

由于增压器冷却循环泵 V50 的搭铁点也是 671，所以发动机控制单元会报故障码"P190E00（14631）增压压力冷却器的冷却液泵 供电电压"。当电气系统出现故障时，首先检查电气系统的供电和搭铁是基本的前提。只有供电、搭铁正常了，系统才具备了工作的初步条件。

## 案例 5　一汽大众迈腾无法起动

**车辆信息**

| | | |
|---|---|---|
| 车型：迈腾 1.8T | VIN：LFV3A23C8B3****** | 发动机型号：CEA |
| 变速器型号：DQ200 | 行驶里程：35826km | 故障频率：一直 |

### 诊断分析

现场检查发现起动发动机时起动机运转有力但无爆发现象，用诊断仪检查发动机控制单元没有存储任何故障码。读取发动机控制单元数据流的第 140 组第 3 个数据，高压燃油压力仅为 4.0bar（图 1-9），正常情况下怠速时高压燃油压力在 40bar 左右。接着用油压表检查低压燃油压力，经检查低压燃油压力为 0bar，也就是低压燃油泵不工作。

根据上述检查分析，引起低压燃油泵不工作的可能原因如下：①低压燃油泵供电熔丝烧毁；②燃油泵控制模块 J538 损坏；③低压燃油泵损坏；④相关线路损坏；⑤发动机控制单元损坏。

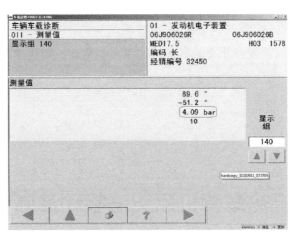

图 1-9　燃油高压压力低

### 排除与总结

查阅图 1-10 所示低压燃油泵电路图，经检查在起动时油泵插接器处 1# 和 5# 脚有 12V 电压，油泵的 1# 和 5# 脚为断路状态，判定是低压燃油泵损坏。更换低压燃油泵后发动机顺利起动。

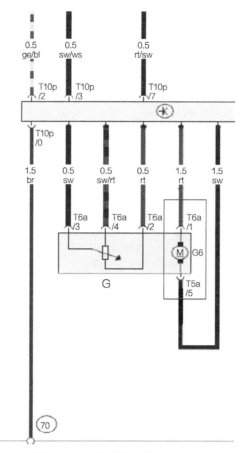

图 1-10　低压燃油泵相关电路

**专家提示**

　　大众 EA888 第二代发动机没有低压燃油压力传感器，低压燃油压力只能通过油压表来检查。

# 二　发动机热车停机后无法起动诊断分析

▶ **故障现象定义**

　　热车停机后 30min 左右，再次起动有时需要两三次才能成功起动；但冷机却能一次成功起动。

## 故障诊断分析流程

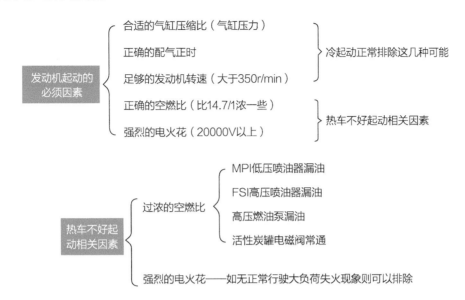

## 诊断技巧

冷机起动时需要更浓的混合气，冷起动正常而热起动异常说明故障主要是混合气过浓导致。虽然理论上点火线圈也可能在热机时出现工作不良的现象，但车辆在大负荷高速行驶时点火线圈的温度远高于停机后的温度；如果在高速行驶时点火系统没有出现失火现象，那么基本就可以排除热机起动困难是由点火系统导致。

## 案例 1　奥迪 Q7-NF 热车不好起动

### 车辆信息

| | | |
|---|---|---|
| **车型**：Q7NF 3.0T | **发动机型号**：CRE | **VIN**：WAUAGC4M5KD****** |
| **变速器**：0D5 | **行驶里程**：6782km | **故障频率**：偶发多次 |

## 故障现象

客户反映有时热车停车 30min 左右不好起动，现场模拟客户驾驶方式，故障现象可以重现。

## 诊断分析

用诊断仪检查 01 发动机控制单元里没有相关故障码，由于没有故障码，无法从诊断仪的引导型测试计划得出有效帮助。热车停放 30min 不好起动的故障一般是热车时混合气过浓导致。但在起动时系统处于开环状态，有时无法监控到当前混合气浓度，在这种情况下系统当然也不会产生故障码。针对这种情况，首先应检查燃油高低压系统是否会在关闭发动机后存在泄压情况。故障车相关数据流如图 2-1 和图 2-2 所示。

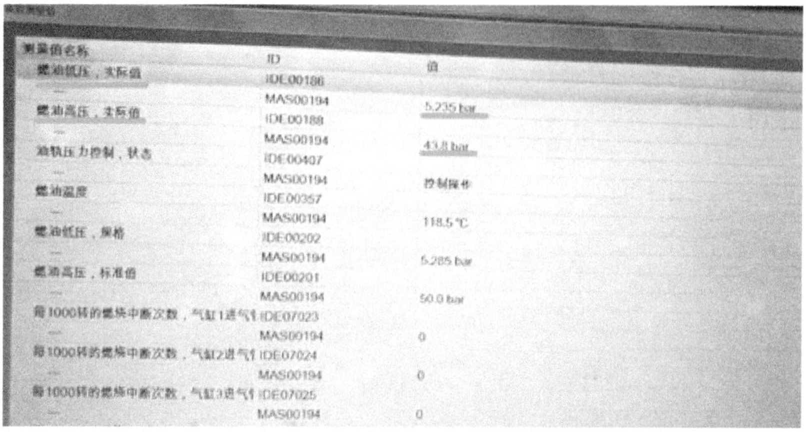

| 测量值名称 | ID | 值 |
|---|---|---|
| 燃油低压，实际值 | IDE00186 | |
| — | MAS00194 | 5.235 bar |
| 燃油高压，实际值 | IDE00188 | |
| — | MAS00194 | 43.8 bar |
| 油轨压力控制，状态 | IDE00407 | |
| — | MAS00194 | 控制操作 |
| 燃油温度 | IDE00357 | |
| — | MAS00194 | 118.5 ℃ |
| 燃油低压，规格 | IDE00202 | |
| — | MAS00194 | 5.285 bar |
| 燃油高压，标准值 | IDE00201 | |
| — | MAS00194 | 50.0 bar |
| 每1000转的燃烧中断次数，气缸1进气 | IDE07023 | |
| — | MAS00194 | 0 |
| 每1000转的燃烧中断次数，气缸2进气 | IDE07024 | |
| — | MAS00194 | 0 |
| 每1000转的燃烧中断次数，气缸3进气 | IDE07025 | |
| — | MAS00194 | 0 |

图 2-1　发动机刚熄火时燃油压力数据

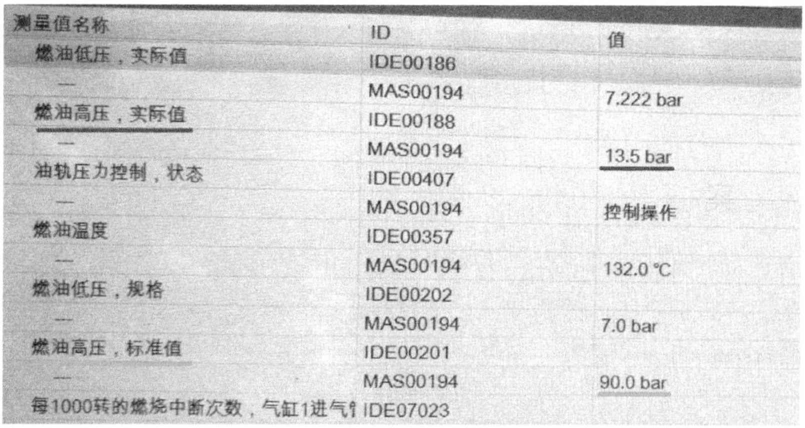

| 测量值名称 | ID | 值 |
|---|---|---|
| 燃油低压，实际值 | IDE00186 | |
| — | MAS00194 | 7.222 bar |
| 燃油高压，实际值 | IDE00188 | |
| — | MAS00194 | 13.5 bar |
| 油轨压力控制，状态 | IDE00407 | |
| — | MAS00194 | 控制操作 |
| 燃油温度 | IDE00357 | |
| — | MAS00194 | 132.0 ℃ |
| 燃油低压，规格 | IDE00202 | |
| — | MAS00194 | 7.0 bar |
| 燃油高压，标准值 | IDE00201 | |
| — | MAS00194 | 90.0 bar |
| 每1000转的燃烧中断次数，气缸1进气 | IDE07023 | |

图 2-2　停机 5min 后燃油压力数据

从这两组数据可以很明显看出燃油高压系统存在压降。正常情况下高压系统在熄火后由于燃油不再流动，燃油压力会吸收发动机温度，造成压力先上升 20 ～ 30bar，然后再缓慢回落至一固定值。该车压力在发动机熄火后没有上升，而是直接快速下降，说明燃油高压系统有明显的泄压点。

燃油高压系统在熄火后泄压主要集中在两个部位，一是高压喷油器上，另一个是燃油高压泵。如何区分这两个故障点、做到精准判断？喷油器泄漏的特点是某一个或几个发生故障，不会出现全部泄漏的情况；而燃油高压泵泄漏则是漏到了油底壳，然后以汽油蒸气的方式回到气缸导致所有气缸混合气浓。此时应拆下火花塞，查看火花塞燃烧有无差别；同时使用内窥镜检查活塞顶部和喷油器是否有泄漏现象。检查结果如图 2-3 和图 2-4 所示。

## 故障排除

更换 4 缸高压喷油器和相关修理包。更换损伤件后再次模拟故障使用方式，读取燃油高压压力，在熄火后燃油压力处于上升趋势。至此确定故障彻底解决。

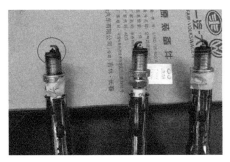

图2-3 4缸火花塞明显发黑存在燃烧不良

图2-4 4缸喷油器存在漏油现象

**总 结**

　　此车属于燃油双喷射系统，低压燃油系统泄漏也会出现热车不好起动。在诊断检查时应通过数据块科学分析，才能做到迅速解决故障。

# 案例2　奥迪 A6L-C7 3.0T 热车有时不好起动

**车辆信息**

| | | |
|---|---|---|
| 车型：C7 3.0T | 发动机型号：CTD | 变速器型号：0CK |
| 行驶里程：5632km | VIN：LFV6A24G3J3****** | 故障频率：偶发多次 |

**故障现象**

客户反映有时热车停机半个多小时后，出现起动困难的故障。

**诊断分析**

1）诊断仪检查发动机系统里无故障码记录。

2）燃油低压关闭回油阀不能保压（图2-5）。

3）燃油高压系统压力保持正常。

由于燃油低压系统泄漏只有MPI喷油器（6个）一个可能原因。拆下MPI喷油器进行模拟油压打压，发现1、3缸喷油器有明显渗油现象（图2-6）。

图2-5 燃油低压系统不能保持

图2-6 1、3缸 MPI 喷油器有渗油现象

### 排除与总结

更换损坏的1、3缸MPI喷油器。对于燃油双喷射系统，在检查时应清楚其油路供给图（图2-7），这样才能进行有针对性的检查或读取相关数据，从而精确定位故障原因。

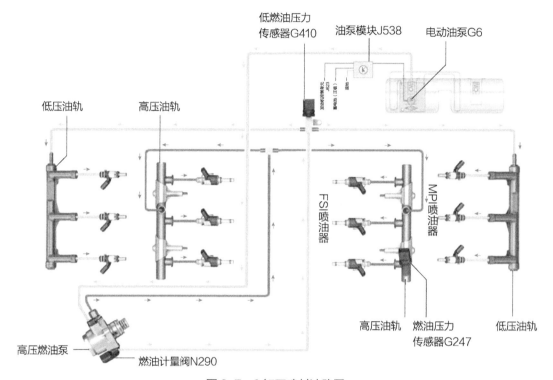

图2-7　6缸双喷射油路图

## 案例3　奥迪Q7 3.0T 有时热车不好起动

### 车辆信息

| | | |
|---|---|---|
| 车型：Q7 3.0T | 发动机型号：CJTC | 变速器型号：0C8 |
| 行驶里程：158632km | VIN：WAUAGD4LXCD****** | 故障频率：偶发多次 |

### 故障现象

有时热车停机50min左右出现不好起动的故障现象。

### 诊断分析

1）用诊断仪检查发动机控制单元内有故障码"P1127：气缸列1，混合气调校（乘法式）系统过浓间歇性问题"，根据引导型测试计划读取数据块没有发现有异常数据（故障本身是偶发）。

2）在发动机温度达到正常工作温度后，读取熄火后的燃油高压压力（此车只有FSI喷射系统），如图 2-8～图 2-10 所示。

图 2-8　刚熄火后燃油高压压力为 37.94bar

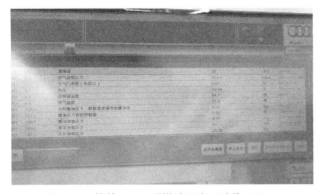

图 2-9　停放 5min 后燃油压力下降为 28bar

图 2-10　停放 50min 后燃油压力下降为 4.98bar

3）燃油高压系统在正常情况下，熄火后由于燃油不再循环冷却，导致燃油温度升高，同时燃油压力也会上升 20bar 左右；随着发动机温度降低，燃油压力逐步回落到比刚熄火时的燃油压力稍微低一些。而此车在熄火后燃油高压没有上升，直接下降，直至降到 4.98bar。

4）燃油高压系统泄漏主要是由于 6 个 FSI 喷油器或燃油高压泵泄漏。无论哪一个元件泄漏都会导致在热车时混合气过浓而不好起动的现象。

5）喷油器泄漏一般是单缸或是几缸，其对应的火花塞或是燃烧室会出现与其他气缸明显的差别；而燃油高压泵则泄漏到发动机油底壳，然后再通过燃油蒸气到达所有气缸。

6）拆下6个气缸的火花塞检查，发现所有气缸燃烧均偏浓，但没有单个有明显差异的火花塞（图2-11）。

7）用内窥镜检查所有气缸的燃烧室，没有发现有明显的泄油迹象。

8）综上检查判断是燃油高压泵存在内泄。

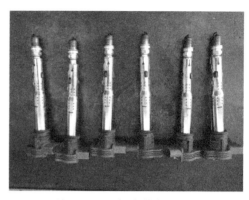

图2-11　6缸火花塞都发黑

 **排除措施**

更换燃油高压泵，反复试车，确认故障排除。

**诊断技巧**

燃油系统轻微泄漏往往没有故障码产生，且故障现象与温度和停车时长有关系。对其进行故障重现有一定难度，检查时必须根据其特点读取相关数据块的连续变化数值来判断具体的故障原因。

# 三　发动机冷起动困难诊断分析

**故障现象定义**

主要是指气温在0℃以下时，停车至发动机完全冷机后再次起动时不好起动的故障现象。这类问题是建立在热机起动正常且起动后一切行驶工况都正常的前提下进行诊断分析的。

**故障诊断分析流程**

| 冷车不好起动 | 足够的发动机转速 | ①检查蓄电池的起动电压是否正常（不低于10.5V）<br>②检查起动机的30电源是否存在电压降（蓄电池端电压）<br>③检查蓄电池主搭铁和发动机与车身搭铁线是否虚接<br>④以上都正常则更换起动机（起动机电刷过度磨损或单向离合器打滑） |
| --- | --- | --- |
| | 正确的空燃比 | ①检查燃油系统高、低油压是否能够及时建立<br>②检查发动机水温传感器和进气温度传感器数值是否与环境一致 |
| | 冷机电控元件异常 | ①检查相关传感器数据是否异常（通过正常对比）<br>②检查冷机相关插接器是否存在虚接 |

# 案例 1　奥迪 A6L–C6 冷起动经常熄火甚至无法起步

## 车辆信息

| | | |
|---|---|---|
| **车型**：C6 2.4 | **发动机型号**：BDW | **变速器**：01J |
| **行驶里程**：256743km | **VIN**：LFV4A24F473****** | **故障频率**：偶发多次 |

## 诊断分析

该车半年前更换过全新的发动机和发动机线束，之前因发动机 EPC 灯亮并报故障码"节气门位置信号不可信"更换过节气门体的插接器和线束。经和客户了解，该车冷车可以起动成功，但会突然熄火，再次起动仍能成功，如此反复几次后故障消失；同时在行驶过程中等红绿灯或起步时也有突然熄火的故障。

客户第一次进站时，故障未能再现，而且发动机控制单元也没有相关故障存储。根据客户描述，供油系统故障的可能性很小，因为如果油压低，首先应该是不好起动，而且在熄火前应有个抖动的过程，所以排除油路故障。结合之前案例分析，在曲轴位置传感器工作不良时会在冷车出现起动后熄火，几次起动后就会正常；而且在早期发生故障时并不报故障码。经和客户协商，先试换一曲轴位置传感器再观察。

## 解决措施

客户行驶一周后再次出现故障，而且反映冷车起动后熄火，但如果加大节气门稳一会则可以着车；而且在起步时有熄火现象，热车后故障不明显。接车后用诊断仪检查 01 发动机控制单元里有以下故障码：

P1156：进气管压力传感器 –G71 断路 / 对地短路对正极短路静态；P1129：气缸列 2，混合气调校（乘法式）系统过浓；P1127：气缸列 1，混合气调校（乘法式）系统过浓；P1141：负荷记录 不可信数值断路 / 对地短路；P0113：进气温度传感器 1 过大信号对正极短路。从上述故障码看出故障指向进气压力传感器信号异常。为取得一手信息，决定在次日早上试车验证故障和读取故障。

第二天装好油压表和诊断仪，读取数据块，如图 3-1 ～图 3-5 所示。

| 地址 | ID | 测量值 | 值 |
|---|---|---|---|
| 0001 | 1.1 | 转速 | 0 |
| 0001 | 1.2 | 冷却液温度 | 31.5 |
| 0001 | 2.2 | 负荷 | 0 |
| 0001 | 2.3 | 平均喷油正时 | 32.15 |
| 0001 | 2.4 | 进气歧管压力 | 919.6 |
| 0001 | 3.2 | 进气歧管压力 | 919.6 |
| 0001 | 3.3 | 节气门角度（电位计） | 4.7 |
| 0001 | 4.2 | 电压 | 11.934 |
| 0001 | 4.3 | 冷却液温度 | 31.5 |
| 0001 | 4.4 | 进气温度 | 33.0 |
| 0001 | 5.1 | 转速 | 0 |

图 3-1　着车之前的数据

| 地址 | ID | 测量值 | 值 |
|------|-----|--------|------|
| 0001 | 1.1 | 转速 | 718 |
| 0001 | 1.2 | 冷却液温度 | 39.0 |
| 0001 | 2.2 | 负荷 | 62 |
| 0001 | 2.3 | 平均喷油正时 | 5.31 |
| 0001 | 2.4 | 进气歧管压力 | 714.4 |
| 0001 | 3.2 | 进气歧管压力 | 714.4 |
| 0001 | 3.3 | 节气门角度（电位计） | 2.7 |
| 0001 | 4.2 | 电压 | 14.076 |
| 0001 | 4.3 | 冷却液温度 | 39.0 |
| 0001 | 4.4 | 进气温度 | 31.5 |
| 0001 | 5.1 | 转速 | 707 |

图 3-2　刚起动后的数据

| 地址 | ID | 测量值 | 值 |
|------|-----|--------|------|
| 0001 | 1.1 | 转速 | 771 |
| 0001 | 1.2 | 冷却液温度 | 48.0 |
| 0001 | 2.2 | 负荷 | 35 |
| 0001 | 2.3 | 平均喷油正时 | 4.35 |
| 0001 | 2.4 | 进气歧管压力 | 458.4 |
| 0001 | 3.2 | 进气歧管压力 | 454.1 |
| 0001 | 3.3 | 节气门角度（电位计） | 2.0 |
| 0001 | 4.2 | 电压 | 14.076 |
| 0001 | 4.3 | 冷却液温度 | 49.5 |
| 0001 | 4.4 | 进气温度 | 31.5 |
| 0001 | 5.1 | 转速 | 763 |

图 3-3　热车后的数据

| 地址 | ID | 测量值 | 值 |
|------|-----|--------|------|
| 0001 | 2.2 | 负荷 | 30 |
| 0001 | 2.4 | 进气歧管压力 | 411.4 |
| 0001 | 3.1 | 转速 | 749 |
| 0001 | 3.2 | 进气歧管压力 | 410.4 |
| 0001 | 4.2 | 电压 | 14.178 |
| 0001 | 4.3 | 冷却液温度 | 51.0 |
| 0001 | 4.4 | 进气温度 | 22.5 |
| 0001 | 10.3 | 节气门角度（电位计） | 1.6 |

图 3-4　对比正常车热车后数据

| 地址 | ID | 测量值 | 值 |
|------|-----|--------|------|
| 0001 | 1.1 | 转速 | 705 |
| 0001 | 1.2 | 冷却液温度 | 85.5 |
| 0001 | 2.3 | 平均喷油正时 | 3.56 |
| 0001 | 2.4 | 进气歧管压力 | 414.1 |
| 0001 | 3.1 | 转速 | 703 |
| 0001 | 3.2 | 进气歧管压力 | 416.5 |
| 0001 | 3.3 | 节气门角度（电位计） | 1.6 |
| 0001 | 4.2 | 电压 | 14.178 |
| 0001 | 4.3 | 冷却液温度 | 85.5 |
| 0001 | 4.4 | 进气温度 | 30.0 |

图 3-5　拔掉进气压力传感器数据

　　通过数据比对，在刚起动后该车数据在 714mbar，而正常车应为 586mbar 左右。在热车怠速期间故障车在 458mbar 左右，正常车应为 420mbar 左右。检查传感器至控制单元线路不存在断路和短路现象，更换进气压力传感器，故障排除（图3-6）。

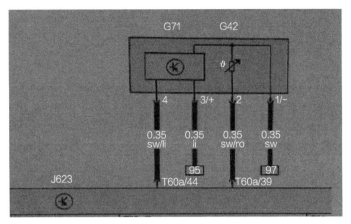

图3-6　进气压力相关电路图

**总　结**

由于进气压力传感器信号失真，导致其在起动后因混合气浓而熄火或在起步时熄火。当踩下加速踏板时增加了进气量，使空燃比相对接近控制范围，所以就能着车。另外从发动机控制单元所报故障也可以看出，由于真实进气量小于理论值，所以会有混合气浓和负荷信号不可信的相关故障，在冷起动时从排气中也可嗅到一股燃烧不完全的"生油味"。该车故障未能一次排除的原因还是在诊断思路方面，过多地依靠故障码来分析，而在实际故障排除中很多疑难案例都是通过数据流分析解决的。我们应养成故障诊断时读取数据流的习惯，逐步提高数据流分析的能力。

## 案例2　奥迪A6L–C7发动机冷机有时无法起动

**车辆信息**

| | | |
|---|---|---|
| **车型**：奥迪C7 2.0T | **发动机型号**：CDZA | **变速器型号**：0AW |
| **VIN**：LFV3A24G9C3****** | **行驶里程**：2874km | **故障频率**：偶发 |

### 诊断分析

用诊断仪检查，在01发动机控制单元J623里有故障码"5604　P085000 [39] 起动机抑制器信号（P/N）对正极短路/断路"，同时在02变速器控制单元J217里有故障码"2260 P172400 [46] 起动机抑制信号对地短路偶发"，如图3-7、图3-8所示。

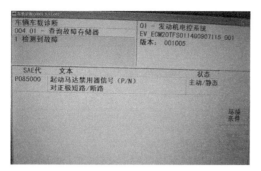

图 3-7　发动机控制单元内故障码 1

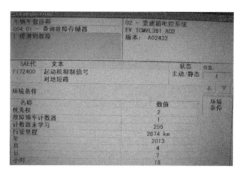

图 3-8　发动机控制单元内故障码 2

## 诊断提示

该车 P/N 位信号由集成在变速器控制单元上的多功能开关 F125（现在的车型在电路图中不体现 F125，只体现变速器控制单元 J217）提供，信号除了通过驱动 CAN 传输到车载网络中外，还通过专门的离散导线分别给发动机控制单元和舒适系统控制单元 J393 提供 P/N 校验信号。另外集成在变速杆控制单元 J587 内的 F305（P 位开关），通过单独的导线给 J393 提供 P 位信号用于钥匙防拔出控制。本车取消了传统的钥匙，该 P 位信号主要用来控制转向柱的锁止（J393 内集成了 J518 驾驶员识别系统，是防盗系统的主控单元）。由于起动时起动机不能运转，而故障码指向正是 P/N 位信号不合理，说明故障就是由于 P/N 信号不良导致发动机控制单元不能准确判断变速器当前是否处于 P/N 位，所以切断起动机。

## 故障排除

首先根据引导型故障查询，诊断仪提示检查 P/N 位信号，当变速器处于 P 位或 N 位时该信号为 0V；当变速器档位处于 D 位时该信号应该大于 11V，通过检查发现当时数据正常。诊断仪提示该故障属于偶发故障，建议删除故障再试。查阅 P/N 位相关电路图（图 3-9），根据电路图将 P/N 信号经过的所有插接器包括 J623 和 J217 的插接器都重新拆装了一次。

本来建议客户留车观察一天，但客户不同意，要求自己在使用过程中观察。到了第二天下午客户来电反映，车辆再次无法起动。为了不破坏故障现场，使用救援车将故障车拖回来。用诊断仪检查故障仍是之前那两个故障码，不同之处在于现在是静态。再次检查 P/N 位信号，发现其在 P/N 位是 0V；但在 D 位时居然是 2.5V。由于 P/N 位信号和 J623、J217、J393 通过并联连接，此时究竟是哪个控制单元将信号电压拉低或是变速器控制单元发出的就是错误信号？还是线路可能出现的对地短路？一时不能准确判断。由于是新车，客户抱怨很大，在排除故障的同时还要尽量减少在车上进行拆装作业，以免使抱怨升级。由于维修资料中并没有详细的工作原理说明，决定找一台配置相同的车辆对比。通过比对发现，正常的车在 D 位时信号电压为 12V 左右。

首先断开相关的 3 个控制单元，使线路悬空，检查线路是否存在对地短路、对正极短路或断路。经检查线路各项指标正常，无相关故障。由于 J393 是防盗主控单元，如断开则可能导致打不开点火开关而无法测量；J217 是变速器控制单元，如断开后无法输出档位信号也

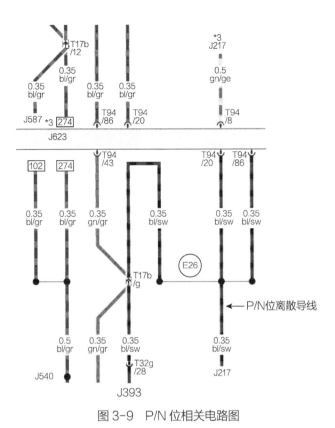

图 3-9　P/N 位相关电路图

不能测量；在这种情况下，决定断开发动机控制单元 J623 检查。但结果是断开 J623 也不能打开点火开关，因为 J623 也是防盗系统组件。

在没有太好的办法情况下，只能使用端子修复器依次将 J393 的 P/N 位端子退出。退出后发现挂 P/N 位时无变化，但挂 D 位是信号电压也是 0V，说明之前挂 D 位所显示的 2.5V 是由 J393 出来的电压。接着将变速器控制单元上的插接器的 P/N 信号端子退出，发现该端子挂任何档位都无变化（无电压）；检查变速器控制单元 P/N 位输出端子，发现当在 D 位时对地电阻为无穷大，在 P 位和 N 位时对地电阻分别为 111Ω 和 88Ω。通过上述检查发现变速器控制单元能输出信号，但发动机控制单元检测不到该信号。

尝试将正常车的发动机控制单元装到故障车上，并做了在线防盗匹配。再次起动时发现仍不能起动，读取故障码仍是上述故障码。测量该信号发现和之前没有一点变化，说明故障原因根本不在发动机控制单元。但线路检查也没有发现问题，抱着怀疑的态度再次拆下发动机控制单元，检查 P/N 位信号。通过检查几个端子，忽然发现 P/N 位的信号插孔比较松。马上对比其他插孔，发现其他插孔插入或拉出时有一定阻力，而 P/N 位的插孔感觉没有阻力。用端子修复器将其退出后检查，发现果然孔径偏大（图 3-10）。修复端子后，装好发动机控制单元，再次挂 D 位检查发现电压为

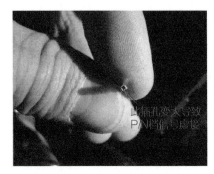

图 3-10　P/N 冗余端子孔径变大

12.3V。再次尝试起动发动机，一次成功。

### 总 结

该车由于 P/N 位离散导线冷机时在发动机控制单元处虚接，导致发动机控制单元不能准确地判断当前档位是否在 P/N 位；当有起动请求时，发动机控制单元为安全起见抑制了该信号。

## 案例 3　奥迪 A6L–C7 无法起动

**车辆信息**

| | | |
|---|---|---|
| 车型：C7 2.0T | 发动机型号：CDZ | 变速器型号：0AW |
| 行驶里程：165425km | VIN：LFV3A24G2C3****** | 故障频率：一直 |

### 诊断分析

现场检查发现，在起动时起动机有"嗒"的响声，且仪表指示灯闪烁。根据以往经验，这种情况最大的可能原因是蓄电池电压不足。在起动时测量蓄电池电压为7.92V 左右，根本无法满足起动需求（图 3-11）。

图 3-11　起动时蓄电池电压不足

### 排除过程

用救援车跨接电源后可以正常起动，起动后读取蓄电池历史数据块，发现没有静电流过大的现象。询问客户得知，该车前段时间就出现了冷起动时起动时间偏长的现象，结合最近突然降温且该车使了将近 6 年的时间分析，认为是蓄电池正常衰减所至。更换蓄电池后一个月跟踪回访，确认故障排除。

### 总 结

该故障比较简单，在北方的冬季也很常见，通过观察仪表显示再结合万用表测量起动时的蓄电池电压，很容易判断出故障原因。在排除完故障后，一定要分析引起蓄电池电压低的原因是什么。如果是存在静电流过大，一定要把该原因彻底解决，否则很快就会出现返修。

# 四　发动机冷却液温度高故障诊断分析

## 故障现象定义

此类故障主要表现为车辆在正常行驶过程中，冷却液温度表（水温表）指示超过 110℃ 或是冷却液温度红色警告灯闪亮。

## 故障诊断分析流程

**仪表冷却液温度指示高或是水温警告灯闪亮**

**冷却液显示系统故障**
①用诊断仪读取冷却液温度传感器实际数值，如果与仪表显示温度不同则检查仪表，如相同进行下一步
②检查冷却液温度传感器插接器是否进水短路或氧化，如正常则进行下一步
③用红外线测温仪检查冷却液温度传感器处温度，应与冷却液温度传感器读取温度相差在5℃左右，如不同则进行下一步
④检查冷却液温度传感器电阻值与当前温度是否匹配，参考维修手册，如不匹配则进行下一步
⑤更换冷却液温度传感器

**散热系统故障**
①检查散热风扇是否高速运转且导风圈良好
　　不正常——检查散热风扇供电、接地、控制以及控制模块和风扇电动机
　　正常——进行下一步检查
②检查冷凝器、散热器是否脏污或堵塞，如正常则进行下一步

**水循环系统故障**
①用红外测温仪检查散热出水管和回水管的温差大小
　　不正常——更换节温器或温度调节装置
　　正常——下一步检查
②快速踩下加速踏板，查看膨胀水壶的回水状态
　　不正常——检查水泵是否有机械故障
　　正常——下一步检查
③参照水循环图，用红外测温仪分段检查各节点温差；检查管路中是否有堵塞

**产生过多热量故障**
①通过路试和诊断仪检查有无爆燃或点火提前角滞后的现象
②用排气背压表检查排气系统是否有堵塞现象
③检查配气正时是否正确
④检查自动变速器是否有打滑的故障现象
⑤检查发动机气缸垫是否有损坏现象

## 案例 1　奥迪 A6L-C6 2.4L 行驶中冷却液温度高

**车辆信息**

| | | |
|---|---|---|
| 车型：C6 2.4L | 发动机型号：BDW | 变速器型号：01J |
| 行驶里程：176529km | VIN：LFV4A24F2B3****** | 故障频率：偶发多次 |

### 故障现象

客户反映，车辆在市区行驶时冷却液温度可达120℃，且仪表冷却液温度警告灯闪烁。

### 诊断分析

客户进站时，车辆没有冷却液温度高的故障现象，初步检查防冻液液位正常，散热风扇能正常运转，散热器与冷凝器没有脏堵现象，检查发动机冷却液出水管和回水管温差在正常范围之内，说明节温器已正常打开。

在和客户进行模拟路况试车中，行驶不久就发现冷却液温度到了120℃。打开发动机舱盖检查风扇是否运转正常，发现风扇一直处于低速运转；而且风扇在运转过程中还会暂时停止5s左右，然后再运转。正常情况下此时风扇应该一直高速运转。

用诊断仪检查发动机控制单元内有故障码"散热器风扇-V7难以移动/卡死静态"。关闭点火开关，待风扇静止后用手转动风扇感觉风扇运转不畅（图4-1）。更换散热风扇和功率控制模块后故障解决。

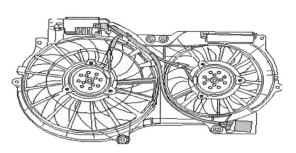

图4-1 冷却风扇和控制模块

### 总结

散热风扇故障导致风扇转速不够，在堵车或发动机负荷较大时无法及时将热量散发出去，导致在市区行驶时出现冷却液温度高的故障现象。

## 案例2 奥迪A4L-B8仪表显示冷却液温度高

### 车辆信息

| | | |
|---|---|---|
| 车型：B8 2.0T | 发动机型号：CUJ | 行驶里程：25684km |
| 变速器型号：0AW | VIN：LFV3A28K0G3****** | 故障频率：一直 |

### 故障现象

发动机起动后，仪表显示冷却液温度高，并伴有冷却液温度警告灯闪烁。

### 诊断分析

1）用诊断仪读取冷却液温度传感器实际温度为116℃，与仪表显示基本一致（仪表为模拟显示）。

2）发动机电控系统无故障码存储。

3）现场检查发动机刚起动时温度指示就迅速达到116℃，正常情况发动机暖机需要10min左右；初步分析是温度显示错误。

4）检查发动机出水管和回水管温度并不高。

根据上述检查基本可以确定是冷却液温度传感器显示的数值偏差过大，决定先拆下冷却液温度传感器，检查其在各种温度下对应的电阻值是否正常。

▶ 排除过程

拆下冷却液温度传感器G62，发现G62的密封圈在出厂安装时有挤压现象，同时传感器塑料壳体有裂纹（图4-2）；进一步检查在传感器插接器处已有防冻液漏出的水渍（图4-3）。

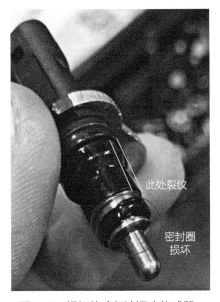

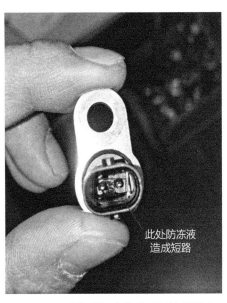

图4-2　损坏的冷却液温度传感器　　　　图4-3　冷却液温度传感器插接器进水

▶ 排除与总结

更换损坏的冷却液温度传感器后故障排除。冷却液温度传感器开裂导致在起动后防冻液进入冷却液温度传感器插接器，造成冷却液温度传感器信号线路短路。由于冷却液温度传感器采用负温度电阻传感器，也就是温度越高电阻越小，所以会出现刚起动后冷却液温度显示偏高的故障现象。

## 案例3　奥迪 A6L-C6 2.4L 高速行驶中冷却液温度高

### 车辆信息

| | | |
|---|---|---|
| 车型：C6 2.4L | 发动机型号：BDW | 变速器型号：01J |
| 行驶里程：96352km | VIN：LFV4A24F2B3****** | 故障频率：偶发多次 |

### 故障现象

客户反映车辆在高速行驶时冷却液温度表在120℃左右，且冷却液温度警告灯闪烁（图4-4）。

图4-4　冷却液温度表在120℃左右

### 诊断分析

该车在低速行驶时冷却液温度显示是正常的，首先对该车进行了常规检查。检查防冻液液位正常，检查散热器与冷凝器表面没有脏堵现象，检查散热风扇可以正常运转，检查发动机冷却液出水管和回水管温差在正常范围之内，说明节温器已正常打开。高速试车行驶了一会，发现仪表冷却液温度到达120℃。此时用诊断仪读取冷却液温度传感器显示的冷却液温度也是120℃，说明仪表显示的是真实的冷却液温度传感器温度。

在应急停车带停车，打开发动机舱盖检查，发现散热风扇一直处于高速运转，说明风扇运转正常。用红外测温仪检查冷却液温度传感器处温度在118℃左右，基本与仪表显示一致（由于环境及测量距离存在误差）。用红外测温仪检查上水管处温度为110℃，下水管处为105℃；对比其他车证明散热器工作是正常的。此时可以排除是显示系统和散热系统故障，难道是发动机气缸垫损坏导致发动机产生的热量偏高？正常情况下如发动机冷却液温度超过117℃就会出现"开锅"现象，而此车已120℃，膨胀水壶盖处并没有溢流出防冻液。难道是冷却液温度传感器处局部温度过高？带着这个问题重新用红外测温仪检查了冷却液温度传感器处温度为120℃，上水管温度和膨胀水壶处温度为110℃。查看维修手册的水路循环图（图4-5），冷却液温度传感器G62装在第一列气缸的缸盖出水管处。由于此时发动机并没有开

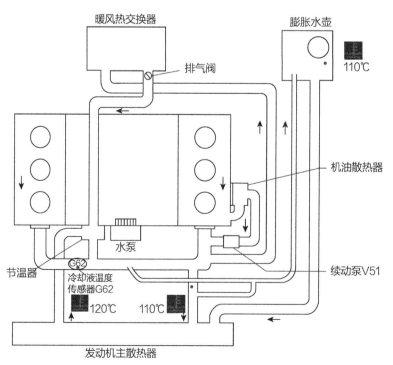

图4-5　奥迪A6L2.4水路循环图

锅且上水管处温度为110℃，初步分析故障原因是第一列气缸的冷却液循环不畅。

### ▶ 排除与总结

询问客户得知前段时间曾更换过废气阀，拆下废气阀检查，发现在废气阀的冷却液循环管路中有一块棉布。怀疑是维修人员在更换废气阀时为防止有异物进入水管，用棉布暂时封闭了水路；但后期在安装时忘了将棉布取出。此故障是典型的由于水循环不畅，导致发动机局部温度在大负荷时过高。

# 五　暖风不热故障诊断分析

### ▶ 故障现象定义

故障现象一般会在冬季表现明显，客户感觉一侧或是整体暖风不热或是出冷风。

### ▶ 故障诊断分析流程

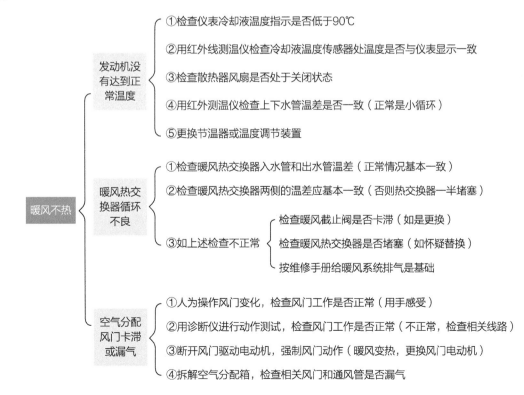

## 案例1　奥迪 Q3 右侧暖风不热

### 车辆信息

车型：Q3 2.0T　　　　发动机型号：DBR　　　　变速器型号：0BH

行驶里程：1525km　　　VIN：LFV3B28U9G3******　故障频率：一直

### 故障现象

客户反映右侧暖风不热，左侧暖风正常。

### 诊断分析

现场检查暖风热交换器进水管和回水管温度基本一致；用诊断仪检查空调系统没有故障码存储，读取数据块发现，当发动机冷却液温度为 75℃时，左侧出风口温度为 65.4℃而右侧出风口只有 14.4℃；检查暖风热交换器左右两侧温度一致；用诊断仪做热风元件诊断时混合风门也可以动作。根据以上检查分析认为是混合风门开闭不到位或是空气分配箱存在漏气的现象。将混合风门电位计拆掉，人为操作风门，结果风门可以动作但感觉行程太小。为进一步分析故障原因，将仪表台拆掉，露出空气分配箱（图 5-1）。此时发现右侧混合风门的一端导向块已脱出轨道，导致风门无法完全切换到热风的这一侧。将右侧风门导向块装入轨道，再次调节冷热选择旋钮，发现风门可以开闭到位，右侧暖风功能也恢复正常。

图 5-1　混合风门导轨脱出

### 总结

　　该车风门由于脱轨卡滞，导致无法关闭冷风，所以暖风效果变差。在检查时由于该风门还可以进行动作，有时不能确定是否正常；此时需要将左侧混合风门电动机拆下，通过两侧对比可以很快得出正确结论。

## 案例2　奥迪 A6L-C7 右侧暖风不热

### 车辆信息

车型：C7 2.0T　　　　变速器型号：0AW　　　　发动机型号：CDN

行驶里程：897677km　　VIN：LFV3A24G6D3******　故障频率：一直

⊳ **故障现象**

客户反映左侧暖风正常，可右侧暖风不热。

⊳ **诊断分析**

首先验证客户描述，发现在发动机达到正常工作温度后右侧暖风吹出来的是冷风。用诊断仪检查空调系统没有故障码记录，读取空调系统左、右出风口数据，如图 5-2 所示。

| 0008 | 8.1 | -G143（控制马达-V113）的实际值 | 234 | |
| 0008 | 8.2 | -G143（控制马达-V113）的规定值 | 231 | |
| 0008 | 8.3 | 关闭极限位置（风门位置） | 234 | |
| 0008 | 8.4 | 打开极限位置（风门位置） | 22 | |
| 0008 | 9.1 | 左侧脚部空间出风口温度传感器-G261 | 231 | |
| 0008 | 9.2 | 右侧脚部空间出风口温度传感器-G262 | 49.2 | 暖 |
| 0008 | 9.3 | 左侧出风口温度传感器-G150- | 34.2 | 暖 |
| 0008 | 9.4 | 右侧出风口温度传感器-G151 | 49.2 | 暖 |
| 0008 | 10.1 | 蒸发器通风温度传感器-G263 | 25.2 | 暖 |
| 0008 | 10.3 | 当前适用环境温度的计算值 | 15.0 | 暖 |
| 0008 | 10.4 | 周围环境温度传感器-G17 | -2.5 | 暖 |
| 0008 | 11.1 | 仪表板温度传感器-G56 | 9.0 | 暖 |
| | | | 18.0 | 暖 |

图 5-2　左、右出风口数据

诊断仪检查的数据与实际数据一致，说明右侧暖风确实不热，重点应检查右侧冷热风门（混合风门）是否能正常开闭，以及暖风热交热器左右侧是否一致。

⊳ **排除过程**

首先检查暖风热交换器的进水管和出水管温度，结果发现基本一致，初步说明暖风热交换器循环正常。拆掉中央仪表台下装饰板，用红外测温仪检查暖风热交换器两侧温度；检查发现热交换器左侧温度接近发动机冷却液温度，为90℃左右，而右侧则只有36℃左右。从检查结果分析应该是暖风热交换器部分堵塞，拆下暖风热交换器，发现内部有胶状物堵塞，如图 5-3 所示。

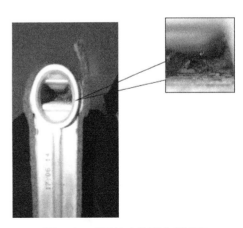

图 5-3　暖风热交换器内部堵塞

⊳ **排除与总结**

更换暖风热交换器，并用专用清洗剂清洗整个冷却液循环管路。暖风热交换器左侧为进水管和出水管接口，异物进入热交换器，被水流冲到后面沉淀和积累，并最终使右侧水路堵塞。在这里需要注意一下，暖风热交换器内部是类似工字形结构，后部堵塞并不影响前部正常循环；不能只检查暖风热交换器进、出水管温度正常，就判定暖风热交换器循环良好。

### 案例3 A8L–D4车速超过70km/h后暖风吹出的是冷风

**车辆信息**

| | | |
|---|---|---|
| 车型：A8L 6.0L | 发动机型号：CEJ | VIN：WAUR4B4H8CN0****** |
| 变速器型号：0BK | 行驶里程：164523km | 故障频率：一直 |

**诊断分析**

该车在车速达到70km/h以上行驶很短时间，仪表显示冷却液温度就降到50℃左右；但只要车速降下来，冷却液温度又很快恢复正常。用诊断仪检查系统无故障码，检查发现当冷却液温度降下来时暖风水管温度确实比较低。初步分析是车速较快后风冷效果明显，导致发动机温度下降比较快。为搞清该车冷却系统走向，查询维修手册冷却系统循环图（图5-4）。

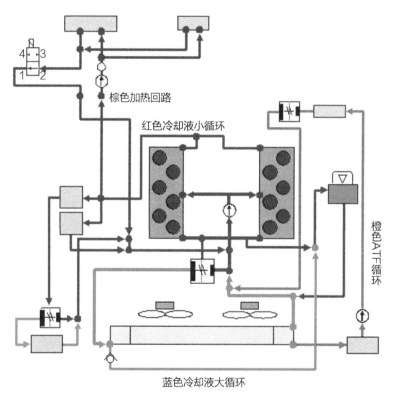

图5-4 冷却系统循环图

经过分析，发动机在温度较低时节温器处于关闭状态，此时防冻液从缸盖出水管出来经过暖风水箱、机油散热器、发电机、变速器散热器后，再经过节温器座内部管道连通直接由水泵吸入发动机缸体进行循环（图5-5）。

当发动机温度达到97℃时开始打开，到112℃完全打开，节温器行程至少8mm。此时从缸盖流出的冷却液经打开的节温器进入主散热器进行冷却后从散热器下水管返回到节温器调节底座，由水泵吸入发动机缸体进行循环（图 5-6）。

图 5-5 小循环节温器回路

去往散热器上水管

图 5-6 节温器处于大循环状态

检查该车节温器在室温下无法完全关闭去往主散热器的管路，在这种情况下部分冷却液会进行大循环散热（图 5-7）。当车速超过 70km/h 后，由于此时是冬季，散热器风冷效果明显，再加上车速超过 70km/h 时发动机转速相应提高，此时水泵转速加快，使冷却液进入大循环进一步增加；在这种情况下冷却液温度迅速下降至 50℃左右。而车速低于 70km/h 后（此时车速约为 40 ~ 50km/h）发动机冷却液能保持在相对正常的温度。

节温器无法关闭

图 5-7 节温器关闭不严

▶ 排除与总结

更换带节温器的底座，反复试车确认故障排除。该故障虽然简单，但是该车冷却循环系统比较复杂，所以必须要清楚冷却系统在各种工况是如何进行循环的，然后才能准确地判断故障原因。只有诊断的故障原因从逻辑推理上成立，且有证据确认故障原因存在是真实可靠的，才能做到既提高维修质量和效率又降低经济风险。

## 案例 4 大众辉腾暖风不热

### 车辆信息

| | | |
|---|---|---|
| 车型：辉腾 3.6L | VIN：WVWFV73DXC8****** | 发动机型号：BHK |
| 变速器型号：09G | 行驶里程：97865km | 故障频率：一直 |

▶ 诊断分析

首先检查发动机冷却液温度，显示在正常工作温度范围之内，检查空调控制面板各操作键对应的功能均是正常的。用诊断仪检查空调控制单元 J255 内没有故障码存储，读取数据流发现左、右出风口温度仅为30℃，而当前冷却液温度为90℃（图5-8）。

用执行元件诊断动作暖水阀N175和N176，诊断仪显示从0%到100%变化。冷却液电动循环泵V50也可以正常动作。检查暖水阀N175和N176进水管和出水管有明显的温差，分析可能是暖水阀存在机械卡滞，导致冷却液不能正常循环。查阅维修手册，辉腾暖风热交换器循环原理如图5-9所示。

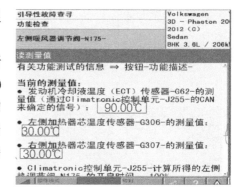

图5-8　左右暖风热交换器出风口温度

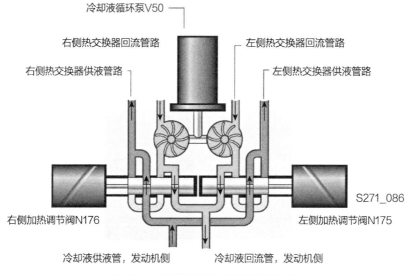

图5-9　辉腾暖风热交换器循环原理

### 排除与总结

更换暖水阀总成后，暖风效果恢复正常。该车暖风热交换器与奥迪C6、Q7、D3属于同一种控制策略，都是通过两个暖水阀分别控制左右两个热交热器的流量来调节乘员舱的温度。

# 六　发动机失火故障诊断分析

### 故障现象定义

故障现象主要表现为行驶中有明显的耸车现象，用诊断仪检查发动机控制单元，有单缸或多缸失火记录。

## 单缸失火故障诊断分析流程

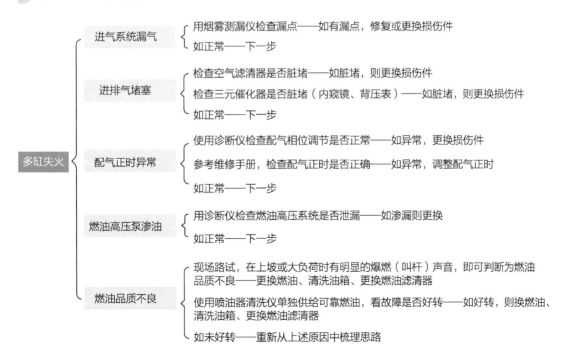

**单缸失火**

**火花塞工作不良**
- 和正常工作缸对调火花塞——故障转移，更换火花塞
- 无改变——下一步

**点火线圈工作不良**
- 和正常工作缸对调点火线圈——故障转移，更换点火线圈
- 无改变——下一步

**喷油器工作不良**
- 和正常工作缸对调喷油器——故障转移，更换喷油器
- 无改变——下一步

**进气系统漏气**
- 用烟雾测漏仪检查漏点——如有漏点，修复或更换损伤件
- 无漏点——下一步

**气门升程不够**
- 拆解凸轮轴上瓦盖，检查液压挺柱是否泄压
- 和凸轮轴是否磨损，如有更换损伤件
- 无损伤——下一步

**气门关闭不严**
- 用内窥镜检查气门有无开裂或是烧蚀，如有更换损伤件
- 无损伤——下一步

**气缸压力偏差较大**
- 用气缸压力表检查故障缸压力是否有明显差异，如有大修发动机
- 用内窥镜检查气缸壁有无拉伤，如有大修发动机
- 无损伤——下一步

**飞轮动不平衡**
- 尝试替换飞轮——故障解决，更换飞轮
- 故障未解决——重新梳理上述相关因素

## 多缸失火故障诊断分析流程

**多缸失火**

**进气系统漏气**
- 用烟雾测漏仪检查漏点——如有漏点，修复或更换损伤件
- 如正常——下一步

**进排气堵塞**
- 检查空气滤清器是否脏堵——如脏堵，则更换损伤件
- 检查三元催化器是否脏堵（内窥镜、背压表）——如脏堵，则更换损伤件
- 如正常——下一步

**配气正时异常**
- 使用诊断仪检查配气相位调节是否正常——如异常，更换损伤件
- 参考维修手册，检查配气正时是否正确——如异常，调整配气正时
- 如正常——下一步

**燃油高压泵渗油**
- 用诊断仪检查燃油高压系统是否泄漏——如渗漏则更换
- 如正常——下一步

**燃油品质不良**
- 现场路试，在上坡或大负荷时有明显的爆燃（叫杆）声音，即可判断为燃油品质不良——更换燃油、清洗油箱、更换燃油滤清器
- 使用喷油器清洗仪单独供给可靠燃油，看故障是否好转——如好转，则换燃油、清洗油箱、更换燃油滤清器
- 如未好转——重新从上述原因中梳理思路

🔑 专家小贴士

　　发动机监控失火是通过检查曲轴位置传感器的转速波动来初步判断处于做功和进气行程的两个缸单位时间内转速偏低，之后再通过凸轮轴位置传感器来精确判断是哪一个缸处于做功行程，从而准确判断。失火会使未燃烧的混合气排到废气中，这种情况会使得发动机功率下降以及废气质量变差，但主要的危险在于这会使得催化转化器过热而损坏。如果因断火而超过了 EOBD 的废气排放极限值，那么废气警告灯就会一直亮着；但是因断火可能损坏催化转化器且还没有离开危险的负荷 - 转速范围的话，那么废气警告灯首先会闪烁，随后相应气缸的燃油供给马上就被切断了。

## 案例 1　A6L-C6 发动机 EPC、排放灯和 ESP 灯点亮时耸车

**车辆信息**

车型：C6 2.4L　　　　　　发动机型号：BDW　　　　　　变速器型号：01J
行驶里程：160178km　　　VIN：LFV4A24F98\*\*\*\*\*\*\*　　故障频率：偶发

▶ 故障分析

　　该车到站检查时用 VAS6150B 检查发动机控制单元里有故障码"P0302 发动机 2 缸失火偶发"。当时检查发动机运转平稳，无明显故障现象，带上诊断仪实车路试，在读取发动机数据流 01 — 08 — 15 和 16 组时发现 2 缸偶尔有 1 ～ 2 次失火记录。

　　根据单缸失火分析思路可能的原因有：①火花塞工作不良；②点火线圈工作不良；③喷油器堵塞或是工作不良；④气缸压力相关较大；⑤燃油品质不良。

▶ 诊断排除

　　本着由简入繁的诊断思路，维修人员给客户清洗了喷油器和节气门体，并加注了燃油添加剂 G17（大众专用添加剂，可改善燃烧质量），让客户自行使用观察。

　　客户行驶 3 天后进站反映故障没有排除。路试数据流显示 2 缸仍有失火记录，尝试对调喷油器后故障依旧；尝试和其他车对调一组火花塞，试车发现除了 2 缸还有 1 缸、3 缸、4 缸均有失火记录。难道是对调的这组火花塞也有故障？重新更换一组新火花塞试车，故障又回到 2 缸失火，说明对调的火花塞确实工作不良。后来又替换了点火线圈仍然存在失火。

　　通过几次路试发现故障出现时车速并不是很快，这与其他失火车辆一般是车速越高越容易出现故障有点不同，但一时也找不到什么理由来解释。检查气缸压力，各缸均在 11bar 左右，并无明显的差异。

　　在没找到故障原因之前，决定再亲自和客户沟通一下，具体了解一下故障发生时的现象和频率。经和客户沟通得知，故障容易在冷车起动时出现，有时起动后发动机抖动严重且仪表故障灯点亮，有时反复起动几次就可以了，但有时得在故障工况下行驶一段距离后熄火再

起动，故障才会消失。经过和客户沟通发现我们之前一直用尽可能高的车速试车是错误的。

　　接好燃油压力表后在第二天早上尝试起动，发动机起动后果然抖动严重，而且仪表相关故障灯点亮。此时油压为4bar，在正常范围之内，发动机也没有明显异响。再次测量缸压还是11bar左右，此时分析可能是2缸进气门积炭太多导致冷车2缸混合气过稀或是2缸气门不密封，因为之前遇到过气门烧蚀但测量缸压没有明显的差异。拆下中央进气歧管检查，发现2缸进气门是有积炭，但和其他缸积炭并无明显差别；在用螺钉旋具挑2缸进气门上积炭时，发现进气门居然能转动。正常气门安装到气缸盖上后，由于回位弹簧的作用力是不可能轻易转动的。这时分析可能是气门弹簧断裂了，由于没有取掉凸轮轴并不能清楚看到弹簧有无故障。拆掉正时链条取下凸轮轴后，发现果然是2缸进气门其中的一个气门弹簧断裂（图6-1）。更换损坏的气门弹簧，经客户使用一段时间后确认故障排除。

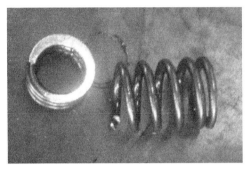

图6-1　断裂的气门弹簧

**总　结**

　　该车在开始诊断时思路就有点问题，服务顾问根据客户描述就形成了书面的维修项目清单。维修人员根据故障灯亮，用诊断仪检查出是失火导致，按照以往维修经验进行逐一排查，使故障排查走了不小弯路。从本故障可以看出，在做诊断前和客户的亲自沟通很重要，能给诊断提供不少有价值的线索。本故障虽然是气门弹簧断裂，但发动机并无明显异响，而且故障一般发生在冷车，给排查工作带来一些迷茫。

**专家提示**

　　气门弹簧在冷车时有所收缩，导致2缸进气门密封不良，进而产生抖动和失火现象。而热车时弹簧会适当伸长一些，且在行驶过程中发动机转速较高，此时气门开启时间较短，漏气量减小，故障反而不明显。该车气门弹簧断裂处靠近弹簧下端，弹簧的整体功能仍然存在，如弹簧从中间断裂则故障就应该是持续且会有异响。

## 案例2　奥迪 A6L-C6 奇怪的失火故障

**车辆信息**

| | | |
|---|---|---|
| **车型**：C6 3.0T | **发动机型号**：CAJA | **变速器型号**：09L |
| **VIN**：LFV6A24F893****** | **行驶里程**：225896km | **故障频率**：偶发多次 |

### 故障现象

客户反映在行驶中急加速有时 EPC 灯亮，接着出现加速不良、发动机抖动的故障现象。熄火后重新起动发动机，可以恢复正常。

### 诊断分析

用诊断仪检查 01 发动机控制单元里有故障码"P0306气缸 6 检测到不发火静态"和"P0300 检测到不发火静态"，故障码可以清除（图 6-2）。路试发现故障可以重现，根据初步检查分析是单缸失火。

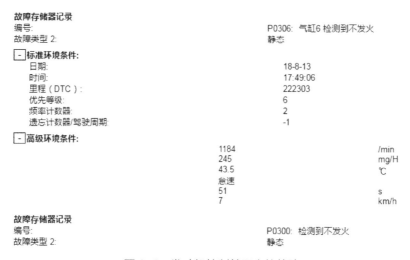

图 6-2　发动机控制单元内的故障码

引起单缸失火的可能原因有火花塞损坏、点火线圈失效、喷油器失效、液压挺柱失效、气缸压缩比不正常。

### 排除过程

该车上次保养时刚更换过火花塞，怀疑是新换的火花塞工作不良。拆下 6 缸火花塞检查，没有发现明显问题，尝试替换 6 缸火花塞后试车故障没有出现。但客户行驶不到 300km 再次反映故障出现，进站检查又是 6 缸失火。为尽量一次解决问题，进一步做了全面检查。检查气缸压力，各缸压差在 1bar 之内；尝试对调点火线圈，故障仍可重现；对调第一列和第二列喷油器没有效果；拆下气门室盖检查液压挺柱，未发现明显故障（观察角度不是非常理想）；检查第二列三元催化器，没有堵塞现象；再次更换 6 缸火花塞后故障短时又试不出来。难道是 6 缸点火线圈工作不正常、工作一段时间后将火花塞击穿了？出于这种考虑，将 6 缸点火线圈也一起更换。经过跟踪回访，发现客户仍然只能行驶 300km 左右故障就会再次出现。

经和客户协商将车留在站内详查，在和客户沟通过程中又得到一个信息：该车每一个月就需要添加 0.5L 左右的防冻液。决定在发动机冷态下进行加压测试，对冷却系统加压 1.5bar。经过 12h 后检查冷却系统外围没有渗漏，拆下机械增压器检查，没有发现进气道有冷却液痕迹。拆下所有火花塞，用内窥镜检查，发现 6 缸活塞顶部有反光现象且 6 缸火花塞有湿潮的现象。分析认为可能是缸垫"冲床"或是气缸盖有沙眼。拆解气缸盖发现 6 缸活塞发亮，有明显进水现象，6 缸气缸垫处橡胶密封圈已全部消失（图 6-3 和图 6-4）。更换第二列气缸垫，一个月后回访，确认故障排除。

图 6-3　气缸盖有冲床痕迹

图 6-4　气缸垫部分密封材质缺失

**总　结**

由于气缸垫"冲床"导致失火的故障并不多见，而且该车客户没有反映冷却液温度高，只是在后期和客户沟通中才发现冷却液存在不正常缺失。由于防冻液进入燃烧室，造成火花塞损坏的例子确实不多。

## 案例 3　奥迪 A6L-C7 奇怪的失火故障

### 车辆信息

| | | |
|---|---|---|
| 车型：C7 2.5L | 发动机型号：CLX | 变速器型号：0AW |
| VIN：LFV5A24G2C3****** | 行驶里程：68532km | 故障频率：一直 |

### 诊断分析

该车客户进站报修发动机怠速时运转不平稳，用诊断仪检查相关控制单元无任何故障记录。该车怠速时感觉各缸做功不均匀，发动机有规律地一下一下地抖动，和发动机缺缸故障非常相似。由于发动机控制单元没有故障记忆，决定读取各缸失火记录。该车失火记录在引导型功能里的数据块无法实时捕捉到，只能通过"选择自己的测试计划—动力总成—有自诊断能力的控制单元—功能—燃烧断火识别"进行实时检测。测试结果如图 6-5 所示，6 缸有约 28 次失火记录。

图 6-5　6 缸存在失火

根据检测初步分析是 6 缸存在单缸失火现象。现代汽车由于排放要求的提高，失火是一个很常见的故障。

**诊断排除**

为使故障更加直观，决定进行路试。路试过程中发现该车在非怠速工况行驶稳定、无明显的动力不足现象，说明故障主要在怠速工况。根据之前分析，尝试对调了火花塞、点火线圈、喷油器，故障没有改善；检查气缸压力，各缸均在 11bar 左右，相差很小。按单缸失火原因分析，可能是液压挺柱泄压或是气门不密封，决定先拆解凸轮轴检查液压挺柱。拆解第二列气缸盖凸轮轴后发现，6 缸排气侧其中一个凸轮顶圆部分和其对应的液压挺柱带摇臂的滚轮产生了不正常的磨损（图 6-6）。

根据以往经验，判断是摇臂滚针轴承散落或卡滞导致失火，检查该车故障摇臂转动灵活无卡滞现象。

图 6-6　摇臂滚轮与凸轮均有磨损

分析是凸轮轴或摇臂滚轮出厂加工时可能存在瑕疵，导致它们在相互接触时产生过大阻力，造成异常磨损。磨损后的排气凸轮在怠速时存在废气排出偏少的情况，使 6 缸在怠速时燃烧条件变差，产生发动机抖动和失火。更换 6 缸排气摇臂和第二列气缸排气凸轮轴后故障排除。

**专家点评**

该车装配有双可变配气相位和进气侧可变气门升程系统。在怠速时采用小凸轮，进气较少，而且怠速时通过配气相位调节减少废气再循环（也就是废气排出更彻底），提高怠速稳定性。而该车由于 6 缸一个摇臂滚轮和凸轮顶圆处磨损，导致排气门打开时升程不足，使废气排出不彻底；由于 6 缸废气较多恶化了燃烧环境，使发动机产生抖动和失火。但怠速时单位时间内发动机失火没有超过触发故障警告灯的门槛值，所以故障灯并不点亮。而在中小负荷时由于进气量加大，此时控制单元为降低氮氧化合物会控制排气门晚开早闭合，使更多废气留在气缸内，以降低燃烧室温度，所以在中小负荷试车时反而感觉发动机是正常的，且故障灯也不点亮。

## 案例 4　奥迪 A6L-C6 发动机怠速抖动且仪表排放灯常亮

**车辆信息**

| | | |
|---|---|---|
| **车型**：C6 2.8L 前驱 | **发动机型号**：CCE | **变速器型号**：01J |
| **VIN**：LFV5A24F293****** | **行驶里程**：191316km | **故障频率**：一直 |

## 诊断分析

用诊断仪检查 01 发动机控制单元里有故障码"P0306：气缸 6 检测到不发火静态""P0278：气缸 6 喷油量偏差偶发"和"P130A：气缸压缩比偶发"。根据检查判断该车是典型的单缸失火故障，根据单缸失火诊断思路，可能是 6 缸的喷油器、火花塞、点火线圈或是配气系统的机械存在故障。

## 解决措施

维修人员首先根据维修经验将 6 缸点火线圈和火花塞与其他缸分别对调，试车发现故障没有好转。接着维修人员检查了各缸压力均在 13bar 左右，用内窥镜检查三元催化器没有堵塞，检查进气系统没有发现漏气的现象。维修人员根据以上检查结果判断是喷油器工作不良。因为该车装配的发动机是缸内直接喷射 FSI 系统，拆装调换喷油器比较费时，同时该喷油器拆下重新安装时需要更换喷油器修理包（主要是喷油器各密封件），所以维修人员就直接给客户订购了全套喷油器。

但喷油器到货装车后，故障还是没有排除。在这种情况下维修人员请求专家技术支持。专家接手该车后首先用诊断仪读取故障码，发现与维修人员所述一致；读取故障码发生时的环境条件，发现都是在怠速期间。

询问维修人员得知，在怠速时就可以从数据流读到 6 缸失火数据，进入发动机数据流 16 组发现 6 缸失火次数达 246 次，而其他各缸均为 0。从初步检查来看，该车属于典型的单缸失火。而之前喷油器、火花塞、点火线圈均已替换过，气缸压力正常，进排气无堵塞和漏气现象，那么只有 6 缸进气不足可能导致这个问题。结合以前的维修案例，当气门弹簧断时也是怠速时失火明显；还有气门烧蚀，当气门烧蚀不是很严重时，单从气缸压力上看，有时相差不是很大；再就是液压挺柱和气门摇臂，该车气门摇臂和凸轮轴接触的部分是一个类似滚针轴承的滚轮，以前也碰到过由于滚轮中间的滚针磨损导致滚轮上下旷动、间隙过大，从而产生失火。气门烧蚀一般是由燃油品质不良、在高速行驶时爆燃导致；在这种情况下其他各缸一定也会产生失火记录，所以这个问题基本排除。现在剩下可能的原因有气门弹簧和气门摇臂，由于以上部件很难直观看到，决定拆解气缸第二列的凸轮轴检查。拆检凸轮轴后很明显发现 6 缸进气摇臂的其中一个中间滚轮旷动很大，经更换 6 缸两个进气摇臂后反复试车，确定故障排除。

### 专家点评

故障分析时应结合整车工作原理，再根据平时积累的经验，按逻辑推理进行分类检查。从以往失火维修经验来看，由于点火系统和燃油品质不良导致的故障一般发生在大负荷或车速较高区域；三元催化器堵塞的一般会报同一列气缸全部失火；而气门弹簧和气门摇臂故障在怠速时更明显。

## 案例 5　奥迪 Q5 在 70km/h 左右匀速行驶有耸车

**车辆信息**

车型：Q5 2.0　　　　　发动机型号：CAD　　　　　变速器型号：0B5

行驶里程：102610km　　VIN：LFV3B28R0A3******　　故障频率：一直

### 诊断分析

现场试车发现在 70km/h 左右匀速行驶时，车辆有明显的耸车现象。用诊断仪检查发动机控制单元内没有故障码，读取发动机控制单元不发火累计数据，如图 6-7 所示。从数据流可以明显看出气缸 1 失火次数要高于其他缸。用诊断仪读取增压压力规定值与实际值数据，如图 6-8 所示，可以看出增压压力是正常的。这也就排除了进气系统漏气和进排气系统堵塞的故障可能。尝试替换所有喷油器和点火线圈，故障没有改变，检查气缸压力，除 4 缸是10bar 外，其他缸都是 9bar，说明故障不是由气缸压力差导致的。

| 地址 | ID | 测量值 | 值 |
|---|---|---|---|
| 0001 | IDE01773 | 不发火累加器 | 0 |
| 0001 | IDE01975 | 燃烧中断数，气缸1 | 21707 |
| 0001 | IDE01976 | 燃烧中断数，气缸2 | 1496 |
| 0001 | IDE01977 | 燃烧中断数，气缸3 | 2125 |
| 0001 | IDE01978 | 燃烧中断数，气缸4 | 1663 |
| 0001 | IDE01778 | 每1000转的燃烧中断次数，气缸4 | 0 |
| 0001 | IDE01777 | 每1000转的燃烧中断次数，气缸3 | 0 |
| 0001 | IDE01776 | 每1000转的燃烧中断次数，气缸2 | 0 |
| 0001 | IDE01775 | 每1000转的燃烧中断次数，气缸1 | 0 |
| 0001 | IDE01774 | 失火检测状态 | 激活 |

图 6-7　不发火累计数据

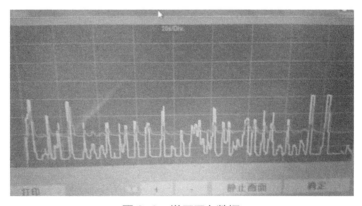

图 6-8　增压压力数据

在准备替换喷油器时拆下进气歧管，发现进气歧管内的进气口和气门背面有大量积炭（图6-9）。尝试清除所有积炭后，试车故障消除。

图 6-9　气门背面有大量积炭

专家点评

　　由于积炭严重已影响到正常的进气量，导致空燃比失调产生失火；而 1 缸积炭最为严重，所以 1 缸失火次数最多。在传统思维里，只有进气歧管喷射才会在气门背面形成积炭，通过本案例我们可以清楚地看到，缸内直喷也能在气门背面产生积炭，所以定期清理进气道的积炭还是很有必要的。

## 案例 6　奥迪 A3 经常性失火

**车辆信息**

| | | |
|---|---|---|
| 车型：A3 1.4T | 变速器型号：0AM | 行驶里程：38569km |
| 发动机型号：CDA | VIN：WAUACC8P7CA******** | 故障频率：经常 |

### 诊断分析

　　用诊断仪检查 01 发动机控制单元里有故障码"P0303：气缸 3 检测到不发火偶发"和"P130A：气缸压缩比偶发"。根据单缸失火诊断思路，可能是 6 缸的喷油器、火花塞、点火线圈或是配气系统的机械存在故障。

### 排查过程

　　检查进、排气系统正常，尝试替换火花塞、点火线圈、喷油器、J623 无效，更换汽油，故障也没有排除。检查气缸压力，如图 6-10 所示，各缸压力偏差在正常范围之内。

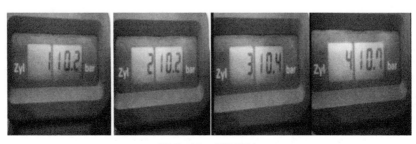

图 6-10　气缸压力

尝试替换了气缸盖总成，仍没有解决问题。在这种情况下只能重新分析整理思路，该车2、3缸火花塞在失火后有明显的机油和积炭。清除火花塞上积炭后发动机可以平稳运转30min左右，此时拆下火花塞发现2、3缸上已经有机油和部分积炭；继续运转一段时间后当机油将火花塞电极短路后出现失火和缺缸现象。分析机油是由气缸盖（气门、气门导管或缸盖裂纹）或是缸筒与活塞环之间窜油导致，替换气缸盖后故障没有排除。拆解发动机发现2、3缸缸壁下部各有一个环形划痕，尤其是3缸有长约10mm、宽约1mm的明显凹痕，手感明显（图6-11）。

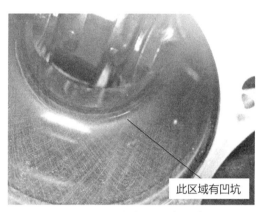

此区域有凹坑

图6-11　3缸缸壁上有凹痕

更换气缸体后故障排除。分析认为是2、3缸缸壁损伤使缸壁与活塞环配合间隙增大，导致机油窜入燃烧室，最终火花塞电极由于机油形成短路导致发动机失火。

🔑 专家点评

　　此凹槽位于活塞第1和第2气环之间，不拆下活塞无法发现故障点。活塞在上下运动过程中产生泵油作用，导致过多的机油经活塞环进入燃烧室，进而导致火花塞积炭。

## 案例7　一汽大众速腾发动机抖动并伴有发动机警告灯点亮

**车辆信息**

| | | |
|---|---|---|
| 车型：速腾　1.4T | VIN：LFV2A21K6D4****** | 发动机型号：CFB |
| 变速器型号：DQ200 | 行驶里程：76352km | 故障频率：经常 |

### 诊断分析

用诊断仪检查01发动机控制单元内有故障码"P0300：检测到不发火主动/静态"和"P0302：检测到2缸不发火主动/静态"，如图6-12所示。

根据诊断仪检查结果，判断属于典型的单缸失火。按单缸失火诊断思路，首先对调了火花塞和点火线圈，之后路试发现故障随火花塞转移，判定是2缸火花塞工作不良。客户使用一周后再次因失火进站检查，诊断仪检查结果仍和上次完全一致。

图 6-12 发动机控制单元内的故障码

拆下 2 缸火花塞，发现火花塞发黑且上面附着有机油（图 6-13），根据检查结果，初步判定是有机油过多地进入燃烧室。

机油进入燃烧室主要原因有气门油封处不密封、活塞环处窜油和曲轴箱强制通风阀窜油导致机油经进气道进入燃烧室。检查进气歧管内没有机油存在，排除了曲轴箱强制通风阀（废气阀）窜气的可能。进一步检查发现在 2 缸气门背面有大量的积炭，判断是 2 缸气门油封密封不良所导致。

图 6-13 发黑的火花塞是 2 缸火花塞

> **排除与总结**

更换所有气门油封后故障排除。在检查失火故障时，如火花塞电极处有机油油膜时一定要先排除产生机油的原因，再进行其他原因的检查。

# 七 发动机机油压力低故障诊断分析

> **故障现象定义**

故障主要表现为在怠速时或是正常行驶过程中机油红色警告灯点亮，故障可能是静态一直存在的，也可能是偶发间歇性的。

🔧 专家小贴士

　　机油红灯点亮表示机油压力低于发动机所需最低润滑油压，此时可能是机油压力监控或显示系统故障，也可能是机油压力确实低于正常值。

▶ 故障诊断分析流程

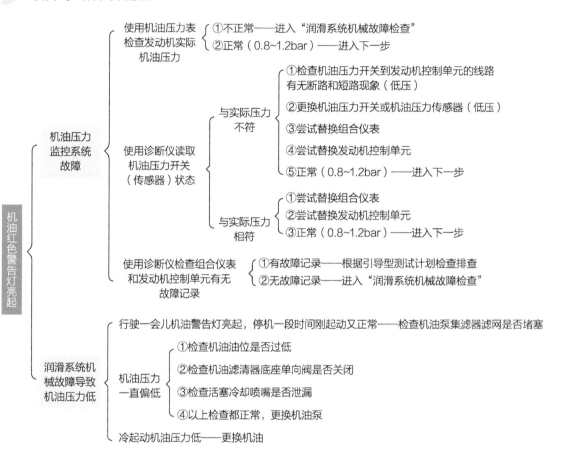

## 案例1　奥迪A6L-C6怠速有时机油红灯报警

### 车辆信息

| | | |
|---|---|---|
| 车型：C6 2.0T | 发动机型号：BPJ | 行驶里程：158243km |
| 变速器型号：01J | VIN：LFV3A24F88300****** | 故障频率：偶发多次 |

▶ 故障现象

客户反映热车怠速时，有时机油红色警告灯点亮，在冷车和行驶过程中没有出现。

**诊断分析**

询问客户得知故障只有在怠速时出现，无规律。检查机油压力，发动机温度在80℃以上时怠速油压为1.2bar（标准压力为1.2～1.6bar），当前压力处于临界值，但也在正常范围内。发动机转速提高至2000r/min时，机油压力能达到4.2bar(标准值为2.7～4.2bar），在正常范围。

考虑到实际油压没有太大问题，而且是怠速热车状态出现故障，所以不考虑机油集滤器滤网堵塞，分析可能是机油泵本身磨损过度或者是润滑系统存在泄压。拆下油底壳检查活塞冷却喷嘴，发现3缸冷却喷嘴存在一直漏油现象（图7-1）。更换活塞冷却喷嘴后，怠速时机油压力达到1.5bar。

图7-1 损坏的活塞冷却喷嘴

专家小贴士

活塞冷却喷嘴在车辆行驶里程超过100000km后，可能会出现泄漏。如果出现机油压力一直偏低，应重点检查相关喷嘴是否存在泄漏。

## 案例2 奥迪A6-C5机油红色警告灯一直亮

**车辆信息**

| 车型：C5 2.4L | 发动机型号：BDW | 变速器型号：01V |
|---|---|---|
| 行驶里程：103526km | VIN：LFVBA14B653****** | 故障频率：一直 |

**诊断分析**

客户描述该车之前行驶正常，最近一次保养完后发现不能着车。经维修人员检查发现仪表防盗灯亮起，仪表显示发暗，而来时正常，且以前未发生过异常。尝试断电后，着车正常。但是在客户临走时发现机油压力警告灯点亮，随后该修理厂针对机油油路系统进行维修，更换机油滤网、机油感应塞、机油泵后故障依旧。随后放弃维修又行驶了5000km。

根据上述描述，试车发现怠速或转速超过1500r/min时机油灯就会报警；用诊断仪检测无故障码；用油压表检查压力，怠速时为1.8～2.2bar，加速时4.0bar，压力均正常；查询ELSA检查F1与J285线束接点T10P，T32/10无虚接、断路、短路现象。

因为机油压力正常、线路正常，所以尝试更换仪表。经更换组合仪表后故障排除。

专家提示

该车曾出现过仪表防盗指示灯亮起和仪表显示发暗的现象，这种情况是典型的仪表自身损坏的表现。结合现场测量机油压力正常且线路也没有异常，所以判定是仪表内部损坏。

## 案例 3　奥迪 Q3 偶发性冷起动后机油红灯报警

### 车辆信息

车型：Q3 2.0T　　　　发动机型号：DBRA　　　　变速器型号：0BH

行驶里程：7623km　　　VIN：LFV3B28U8H3\*\*\*\*\*\*　　故障频率：偶发多次

### 诊断分析

用诊断仪检查 01 发动机控制单元里有故障码"P164D00：用于较低油压的机油压力开关功能失效 被动 / 偶发"（图 7-2）。由于是偶发故障，诊断仪提示用机油压力表进行检测。

```
故障存储器记录
编号：                           P164D00：用于较低油压的机油压力开关 功能失效
故障类型 2：                      被动/偶发
症状：                           15189
状态：                           00101100
- 标准环境条件：
    日期：                        18-1-2
    时间：                        18:20:59
    里程（DTC）：                 2819
    优先等级：                     2
    频率计数器：                    51
    遗忘计数器/驾驶周期：           255
- 高级环境条件：
    发动机转速                     847.5                          rpm
    标准负荷值                     13.333334                      %
    车速                          0                             km/h
    冷却液温度                     89                            ℃
    进气温度                       12                            ℃
    环境气压                       930                           mbar
    端子30电压                     14.96                         V
                                20 96 28 20 2F 0E 25 11 A8 10 51 11 AB
    动态环境数据                   00 00 11 ED 2C 11 0E 02 11 DC 01 A0 16
                                E0 02
    根据OBD的未学习计数器           40
    发动机机油温度                  88.96
    T_AST                       417.7                          s
    T_ES                        0.0                            min
    MAP_MES_SAE                 44.0                           kPa
    STATE_ENG                   IS
    T_AST_SAE                   416.0                          s
    ECU_STATE                  SYN_ENG_IGK_ON
```

图 7-2　发动机系统的故障码

初步分析可能是机油泵在冷车时供油压力低或是低压机油开关 F378 存在线路接触不良，也可能是开关自身故障。

### 排除过程

将机油压力表提前接到低压开关 F378 的位置，在冷车时检查急速时的油压为 0.6bar（图 7-3），低于正常值（0.85 ~ 1.6bar）。

由于该车行驶里程较少，润滑系统堵塞的可能很小，而关机后机油泵压力调节阀机油压力仍为 0.6bar。分析是可调机油泵在冷机时存在内部卡滞，导致机油压力不能达到正常值。更换机油泵后，急速时机油压力达到 1.6bar，故障解决（图 7-4）。

图 7-3　怠速时故障压力

图 7-4　怠速时正常的机油压力

🔑 **专家提示**

当用机油压力表实测机油压力低于标准值时，说明是由于机油泵供油压力低导致 F378 不能闭合，所以就没有必要再去检查 F378 线路及本身是否存在故障。机油压力低除了检查机油油位是否正常外，由于行驶里程很少，润滑系统堵塞的情况基本不会出现，那么故障原因也就只能是机油泵本身了。

## 案例 4　奥迪 A6L-C7 机油红色警告灯亮起

**车辆信息**

| | | |
|---|---|---|
| 车型：C7 2.5L | 变速器型号：0AW | 发动机型号：CLX |
| 行驶里程：42356km | VIN：LFV5A24G2D31***** | 故障频率：一直 |

▶ **诊断分析**

维修人员用故障诊断仪 VAS5052 检测到发动机控制单元中有故障码"P164D：用于机油压力减小的机油压力开关失效"。使用专用工具 VAS1342 测量机油压力，怠速时压力为 60 kPa，明显低于正常的 120 kPa。机油实际压力与显示一致，说明故障在润滑系统的机械部分，导致实际产生的机油压力偏低。在检查导致机油压力低相关问题时，检查到机油滤清器座时，发现限压阀和固定片之间松动（图 7-5）。

图 7-5　限压阀卡滞

🔑 **专家提示**

更换机油滤清器操作不当或是使用非原厂机油滤清器是引起该类问题的主要原因！

## 案例5　上汽大众途观仪表机油压力报警

### 车辆信息

| | | |
|---|---|---|
| 车型：途观　2.0T | **VIN**：LSVX165N5F2****** | 发动机型号：CGM |
| 变速器型号：09E | 行驶里程：32523km | 故障频率：一直 |

### 诊断分析

用诊断仪检查 01 发动机控制单元内有故障码"P164D：用于较低油压的压力开关功能失效 主动 / 静态"，如图 7-6 所示。

图 7-6　发动机控制单元内的故障码

导致这个故障的可能原因有：①机油压力低于标准值；②较低机油压力开关 F378 损坏或是线路存在故障；③发动机控制单元故障；④仪表内部故障。查阅电路图（图 7-7），F378 在起动发动机达到最低标准机油压力后给发动机控制单元一个接地信号。

### 排除与总结

经检查发现是机油压力开关 F378 到接地之间的线路被小动物咬断，导致发动机起动后无法向发动机控制单元 J623 提供接地信号。发动机控制单元据此报出相关故障码。

对于类似问题一定先检查机油压力是否在标准范围之内，然后再检查传感器以及相关线路是否正常。

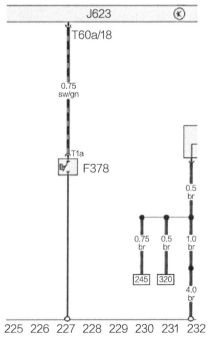

图 7-7　较低机油压力开关 F378 电路图

## 案例6 一汽大众迈腾机油压力报警

### 车辆信息

车型：迈腾 1.8L　　　　　VIN：LFV3A23C5B3******　　发动机型号：CEA
变速器型号：09M　　　　　行驶里程：15625km　　　　故障频率：一直

## 诊断分析

用诊断仪检查 01 发动机控制单元内有故障码"05709 用于降低机油压力的机油压力开关故障 ( 静态 )"，如图 7-8 所示。

图 7-8　发动机控制单元内的故障码

导致该故障码的可能原因有：①发动机机油压力低于标准值；②较低机油压力开关 F378 失效；③ F378 相关线路存在断路现象；④发动机控制单元损坏。

首先测量了各种工况下的机油压力：急速时机油压力为 1.5bar；转速在 2000r/min 时，机油压力为 3.2bar；转速在 3700r/min 时，机油压力为 3.5bar。经检查机油压力在各种工况下都符合维修手册的技术标准。进一步检查较低机油压力开关 F378 插接器的接地针脚对地电阻为 0.3Ω，正常，另一个针脚到发动机控制单元的电阻为 0.2Ω，说明线路正常。尝试跨接 F378 插接器上的两个针脚，仪表中机油压力警告灯熄灭。判断是较低机油压力开关 F378 内部损坏。

### 专家提示

对于接地类型开关或传感器，如果没有专用检查设备，可以通过人为跨接接地模拟正常情况下的信号来验证故障，从而缩短诊断时间。

# 八 发动机加速无力故障诊断分析

## 故障现象定义

故障主要表现为在行驶过程中能明显感觉到加速时发动机动力不足，而发动机故障灯亮或不亮。

## 故障诊断分析流程

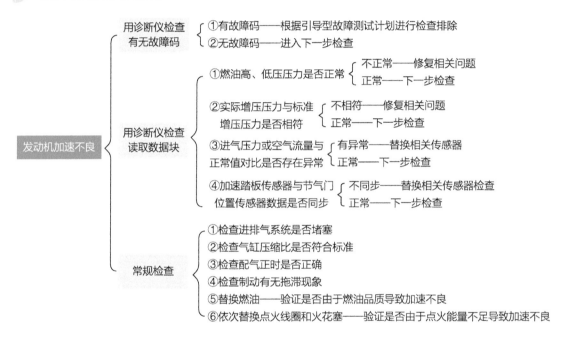

## 案例 1 奥迪 A4L-B9 加速不良

### 车辆信息

| | | |
|---|---|---|
| **车型**：B9 2.0T 低功率版 | **发动机型号**：CWN | **变速器型号**：0CK |
| **行驶里程**：26000km | **VIN**：LFV3A28W1H3****** | **故障频率**：一直 |

## 故障现象

客户反映因事故大修发动机后，车辆出现加速不良且 EPC 灯点亮的故障现象。

## 诊断分析

用诊断仪检查 01 发动机控制单元里有故障码 "P001600：气缸列 1，凸轮轴位置 / 曲轴位置传感器分配不正确", 如图 8-1 所示。

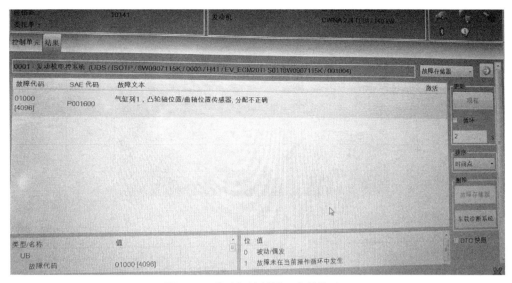

图 8-1　发动机控制单元内的故障码

引起这个故障的主要原因是配气相位不正确, 根据引导型测试计划检查发动机配气正时, 没有发现故障。尝试更换凸轮轴相位调节阀芯, 也没有改善。能够引起配气相位不正确的原因大体有正时链拉长、凸轮轴相位调节器工作不正常、凸轮轴本身相位不正确。

检查配气相位标志正常, 且链条张紧器升出为 3 齿, 说明配气相位不是由于链条拉长所致。由于凸轮轴相位调节器和凸轮轴为一体供货, 分析最大可能的原因就是凸轮轴相位调节器故障。

### 排除过程

拆下进排气凸轮轴, 与客户原车旧件仔细对比, 发现新的进气凸轮轴第 4 缸的 AVS 阀调节滑动凸轮块和旧的凸轮块相位居然是反的, 如图 8-2 所示。

图 8-2　新的凸轮轴 AVS 阀相位错误

而排气凸轮轴位置传感器的靶轮位置与旧排气凸轮轴的靶轮位置相差较大, 如图 8-3 所示。

图 8-3  排气凸轮轴相位错误

### 排除与总结

更换原厂进 / 排气凸轮轴后反复试车，确认故障不再出现。该车由于更换副厂凸轮轴导致凸轮轴 / 曲轴相位不正确，由于备件质量问题导致人为故障。

> **专家提示**
>
> 在任何情况下，维修人员在更换备件时都应仔细对比检查更换件是否与原件参数一致，尽量减少因备件问题导致的返修。

## 案例 2  奥迪 A6L-C7 发动机故障灯点亮并伴有加速不良

### 车辆信息

| | | |
|---|---|---|
| 车型：C7 2.5L | **VIN**：LFV5A24GXG3****** | 发动机型号：CLX |
| 变速器型号：0AW | 行驶里程：80694km | 故障频率：一直 |

### 诊断分析

用诊断仪检查 01 发动机控制单元里有故障码"P112800：气缸列 1，混合气调校（乘法式）系统过稀主动 / 静态""P113000：气缸列 2，混合气调校（乘法式）系统过稀主动 / 静态"和"P008700：燃油油轨 / 系统压力过低主动 / 静态"的记录。首先通过诊断仪和燃油压力表读取燃油低压系统压力，如图 8-4 所示，低压燃油压力处于正常范围之内。

通过诊断仪读取高压燃油压力，如图 8-5a 所示，数据显示高压燃油压力和低压燃油压力接近，明显

燃油低压测量
实际值：5607.0 mbar
（4500.0 - 6000.0 mbar）

- 按 按钮继续。

注意：
括号内为规定范围。
实际压力的规定范围仅在发动机运行时适用。
当发动机停止运转时，实际值随之下降。

图 8-4  低压燃油压力正常

异常。根据引导型测试计划提示，如压力不正常，应更换燃油压力传感器 G247。

　　根据以上检查数据分析，导致该故障的可能原因有两个：燃油压力传感器 G247 失效；燃油高压泵内泄，无法建立高压。

**排除过程**

　　由于燃油压力传感器安装在燃油导轨上，需拆下进气歧管方可更换。决定先替换燃油高压泵。经替换高压泵后读取高压燃油压力数据，如图 8-5b 所示，显示燃油高压数据正常。

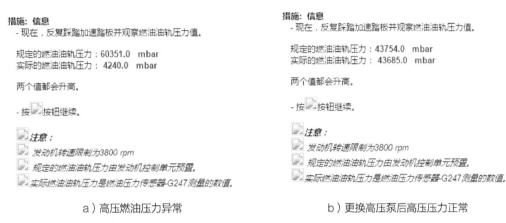

a）高压燃油压力异常　　　　　　　　b）更换高压泵后高压压力正常

图 8-5　高压燃油压力数据

　　删除故障码后试车，发现加速有力且怠速抖动消失。但试车后再次用诊断仪检查 01 发动机内又产生了新的故障码，如图 8-6 所示。根据引导型故障查询检查 G247 传感器供电、搭铁和信号电压都正常，那么可能是 G247 本身的故障，更换 G247 再次试车，故障彻底排除。

图 8-6　更换高压泵后产生的故障码

**总　结**

　　本故障主要是由于高压泵内泄不能建立燃油压力，燃油压力传感器测量范围飘移偏大造成的。对类似故障最好通过替换件来逐步排查，避免造成返修。

## 案例 3　A8L-D4 发动机限速 950r/min

### 车辆信息

车型：D4 3.0T　　　　　发动机型号：CGWA　　　　变速器型号：0BK
VIN：WAURGB4H9DN******　行驶里程：108285km　　故障频率：一直

### 故障现象

客户反映在行驶过程中突然不能加速，仪表提示发动机转速不能超过 950r/min（图 8-7）。

图 8-7　仪表提示发动机转速不能超过 950r/min

### 诊断分析

用诊断仪检查 01 发动机控制单元里有故障码"P006800：进气管压力/空气质量 <-> 节气门角度 偏差 主动/静态""P115800：进气管压力传感器 -G71 不可信信号主动静态"和"P155800: 节气门驱动装置 电路电气故障被动/偶发"（图 8-8）。

故障存储器记录
编号：　　　　　　　　　　　　　P006800: 进气管压力/空气质量 <-> 节气门角度 偏差
故障类型 2：　　　　　　　　　　 主动/静态
症状：　　　　　　　　　　　　　6307
状态：　　　　　　　　　　　　　01100101

　[-] 标准环境条件：
　　日期：　　　　　　　　　　　18-8-18
　　时间：　　　　　　　　　　　19:04:46
　　里程（DTC）：　　　　　　　 108285
　　优先等级：　　　　　　　　　2
　　频率 计数器：　　　　　　　　1
　　遗忘 计数器/驾驶周期：　　　 255

　[+] 高级环境条件：

故障存储器记录
编号：　　　　　　　　　　　　　P115800: 进气管压力传感器-G71 不可信信号
故障类型 2：　　　　　　　　　　 主动/静态
症状：　　　　　　　　　　　　　6320
状态：　　　　　　　　　　　　　01100101

　[-] 标准环境条件：
　　日期：　　　　　　　　　　　18-8-18
　　时间：　　　　　　　　　　　19:04:46
　　里程（DTC）：　　　　　　　 108285
　　优先等级：　　　　　　　　　2
　　频率 计数器：　　　　　　　　1
　　遗忘 计数器/驾驶周期：　　　 255

　[+] 高级环境条件：

故障存储器记录
编号：　　　　　　　　　　　　　P155800: 节气门驱动装置 电路电气故障
故障类型 2：　　　　　　　　　　 被动/偶发
症状：　　　　　　　　　　　　　6514
状态：　　　　　　　　　　　　　10101100

图 8-8　发动机控制单元里的故障码

根据引导型功能，首先检查进气压力传感器 G71，在冷机和热机状态下标准值和实际值误差在 40mbar 左右，符合技术规范。接着检查节气门角度偏差，根据诊断仪提示节气门角度传感器 1 稳定上升，节气门角度传感器 2 稳定下降，检查结果显示正常（图 8-9）。此时可以正常加速两三次，但之后又出现无法加速的情况。综上分析可能是节气门体存在机械卡滞的情况，决定拆下进气软管检查节气门。

拆下进气软管后发现节气门体上卡着一个纸片（图 8-10），取下纸片发现是空气滤清器的商标。取掉该纸片并清洗节气门体后故障排除。

措施：信息
- 缓慢踩下加速踏板，直至达到节气门全开位置。
- 在此过程中，观察读数

角度传感器数值1为： 0.752 V
角度传感器数值2为： 4.238 V

注意：
角度传感器1必须稳定升高。
角度传感器2必须稳定降低

按下 按钮 以结束测量

措施：选择
两个角度传感器的值如何变化？

按钮1：数值1稳定升高。
数值2稳定下降。

图 8-9 节气门角度传感器工作正常

图 8-10 节气门处有纸片卡滞

**总 结**

该车在前两天刚在其他修理厂更换过空气滤清器，在更换时没有将商标从空气滤清器上取下。由于有纸片堵塞导致进气不畅，所以会报故障码"进气压力传感器 G71 信号不可信"。随着发动机运转，纸片被吸入到节气门体处，进而导致节气门体卡滞（该车节气门体处积炭较多，使纸片粘在此处）。此时出现故障码"节气门角度偏差和节气门驱动装置故障"，进而导致发动机转速受限为 950r/min。

**专家提示**

该故障是典型的人为故障，此类故障往往排除难度大、耗时长，造成客户满意度的下降。我们在维修过程中一定要做好三检制度，避免由于操作不当产生人为故障。

## 案例 4 奥迪 A3 加速不良伴有 EPC 灯亮

**车辆信息**

| | | |
|---|---|---|
| 车型：A3 1.8T | VIN：WAUACC8P7BA****** | 发动机型号：CDA |
| 变速器型号：02E | 行驶里程：40235km | 故障频率：一直 |

### 诊断分析

用诊断仪检查01发动机控制单元里有"P011300：进气温度传感器1过大信号被动/偶发""P023600：增压压力传感器 不可信信号主动/静态""P064200：传感器参考电压'A'过低主动/静态""P00B700：发动机冷却装置不足够主动/静态""P060600：控制单元损坏被动/偶发"等故障码（图8-11）。根据引导型故障导航提示，需更新发动机控制单元。

仔细分析故障条目及故障码环境条件，发现传感器相关故障要早于控制单元损坏故障。首先对故障提示进行测试计划，依次对G42、G581进行检测，发现传感器基准电压为2.5V，低于标准值（5V）。

对发动机电路进行检查，依次检查发动机电源及接地电压，均正常（12.3V），以上传感器工作电压均由J623通过T105/35接脚输出5V，故障可能是传感器本身有问题导致，或者是发动机控制单元故障导致输出电压偏低。为此依次拔下传感器插头进行验证，当拔下发动机温度调节伺服元件N493时，测量G42、G581处的共用基准电压，恢复到5V左右。再次起动发动机，发动机抖动和加速不良现象消失，证实故障是由N493发动机温度调节元件内部短路导致。

编号：
故障类型 2：
症状：
状态：

P011300: 进气温度传感器1 过大信号
被动/偶发
15018
00100000

+ 标准环境条件：
+ 高级环境条件：

**故障存储器记录**
编号：
故障类型 2：
症状：
状态：

P010600: 进气管压力/空气压力 不可信信号
被动/偶发
15122
10101000

+ 标准环境条件：
+ 高级环境条件：

**故障存储器记录**
编号：
故障类型 2：
症状：
状态：

P023600: 增压压力传感器 不可信信号
主动/静态
15214
10100111

+ 标准环境条件：
+ 高级环境条件：

**故障存储器记录**
编号：

P064200: 传感器参考电压 "A" 过低

图8-11　发动机控制单元内的故障码

### 总结

由于温度调节装置N493进水导致参考电压对地短路，此时所有由J623的T105/35引出的5V参考电压传感器全部因电压过低而工作异常。

## 案例 5 奥迪 A4L-B8 加速不良

### 车辆信息

车型：B8 2.0T　　　　　　VIN：LFV3A28K8B3******　　　发动机型号：CDZ

变速器型号：0AW　　　　　行驶里程：15326km　　　　　故障频率：一直

### 诊断分析

路试检查发现车速达到 70km/h 以上后提速缓慢。用诊断仪检查 01 发动机控制单元内有故障码"P02990:增压压力未达到极限主动/静态"，根据引导型故障查询可能原因如图 8-12 所示。

经逐项排查，最终发现是三元催化器存在堵塞现象（图 8-13）。更换三元催化器后故障排除。

措施：信息
　　可能的故障原因：

利用
机械机构维修手册检查部件
🔲 涡轮增压器循环空气阀-N249损坏
🔲 废气涡轮增压器和进气管之间泄漏
🔲
增压压力限制电磁阀-N75软管损坏
🔲 增压压力限制电磁阀-N75损坏
🔲 增压压力调节压力罐或压力罐拉杆损坏
🔲 废气涡轮增压器中的废气旁通阀泄漏
🔲 增压压力传感器-G31损坏
🔲 在燃油质量较差的国家中，堵塞的尾气催化净化器也可能成为可能的原因

如果上述故障原因都不相符，则更换废气涡轮增压器。

图 8-12 增压压力不足可能原因

图 8-13 堵塞的三元催化器

### 总 结

由于三元催化器堵塞导致排气气流受阻，进而影响涡轮增压压力与进气量。在售后维修检查中，可以拆下前氧传感器，通过内窥镜来检查三元催化器是否堵塞。

## 案例 6 上汽大众帕萨特加速不良

### 车辆信息

车型：帕萨特 1.8T　　　　VIN：LSVCC49F542******　　发动机型号：AWL

变速器型号：01V　　　　　行驶里程：12462km　　　　　故障频率：一直

### 诊断分析

客户反映车辆在发动机转速超过 3500r/min 以后，加速无力，转速无法继续上升。首先试车验证故障确实存在，诊断仪检查发动机控制单元，无相关故障码。由于没有故障码产生，决定从以下几方面入手检查：①检查进排气系统是否堵塞；②检查增压压力是否正常；③检查空气流量计参数是否正常；④检查燃油压力是否正常；⑤检查气缸压力是否正常。

### 排除过程

检查结果显示，进排气系统没有堵塞，燃油压力在正常范围之内，增压压力能够随发动机转速上升而上升。用诊断仪读取空气流量计的数值，急速时空气流量计的信号值为 2 ～ 5g/s，缓加速时可升至 12g/s 左右，急加速时只能达到 15 ～ 17g/s；感觉空气流量计的信号变化太小。找一台加速正常的车读取空气流量计数据，经检测发现怠速时空气流量计的信号值为 2 ～ 5g/s，缓加速时为 14g/s 左右，急加速时能达到 40g/s。通过对比发现，此车空气流量计信号变化迟滞，分析认为是空气流量计失效。更换空气流量计后发动机加速有力，故障排除。

> **专家提示**
>
> 大众车系空气流量计失效后可能没有故障码，故障现象表现为加速无力或冒黑烟。碰到类似问题，可以通过数据对比来确定具体故障原因。此车由于空气流量计没有报故障码，有信号产生，所以排除空气流量计线路问题。

## 案例 7　一汽大众速腾加速无力

**车辆信息**

| | | |
|---|---|---|
| **车型**：速腾　1.6 | **VIN**：LFV2A21K5A3****** | **发动机型号**：BWH |
| **变速器型号**：09G | **行驶里程**：52635km | **故障频率**：经常 |

### 诊断分析

用诊断仪检查 01 发动机控制单元内有故障码"进气压力传感器断路被动 / 偶发"，故障码可以清除，但路试中很快故障再次重现。引起该故障最主要的原因是进气压力传感器到发动机控制单元之间的线路存在断路、短路或虚接现象。查阅维修手册中进气压力传感器相关电路图，如图 8-14 所示。

经检查发现进气压力传感器的 3# 到发动机控制单元的 T121/96 针之间线路，在测量时出现对地阻值时而为 20Ω 左右时而是无穷大；进一步检查发现进气压力传感器线束与车身钣金件之间存在干涉，形成间歇性对地短路。

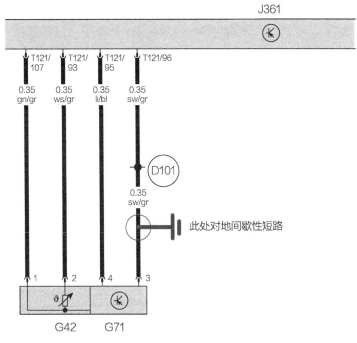

图 8-14 进气压力传感器相关电路图

> 排除与总结

重新包扎受损线束,并用线束扎带固定线束走向,确保线束不与车身之间发生干涉。对于电控系统报故障码断路或是电路电气故障,一般是线路存在虚接或是短路,在检查时要注意细节方面的测量和察看。

## 案例 8 奥迪 A6L-C8 行驶中加速不良有时熄火

**车辆信息**

| | | |
|---|---|---|
| **车型**:C8 2.0T | **VIN**:LFV3A24K6K3****** | **发动机型号**:DKYA |
| **变速器型号**:0CK | **行驶里程**:12652km | **故障频率**:一直 |

> 故障现象

客户反映行驶过程中突然出现加速不良,发动机抖动明显,有时熄火并伴有仪表中发动机排放灯点亮(图 8-15)。

图 8-15 发动机排放灯点亮

> 诊断分析

用诊断仪检查 01 发动机控制单元内有故障码"P310B00:低燃油压力调节燃油压力超出规定被动 / 偶发""P310B00:

低燃油压力调节燃油压力超出规定主动/静态""P217700：气缸列1，燃油测量系统自怠速转速起系统过稀被动/偶发""P008700：燃油油轨/系统压力过低被动/偶发""P014800：燃油输送故障主动/静态""P025C00：燃油泵模块促动对地短路主动/静态""P025A00：燃油泵模块促动电气故障/断路被动/偶发"，以及失火相关故障码（图8-16）。

故障存储器记录
编号：　　　　　　　　　　　　P310B00：低燃油压力调节 燃油压力超出规定
故障类型 2：　　　　　　　　　被动/偶发
症状：　　　　　　　　　　　　2635
状态：　　　　　　　　　　　　01100000
　+ 标准环境条件：
　+ 高级环境条件：

故障存储器记录
编号：　　　　　　　　　　　　P310B00：低燃油压力调节 燃油压力超出规定
故障类型 2：　　　　　　　　　主动/静态
症状：　　　　　　　　　　　　2636
状态：　　　　　　　　　　　　11101101
　+ 标准环境条件：
　+ 高级环境条件：

故障存储器记录
编号：　　　　　　　　　　　　P217700：气缸列1,燃油测量系统 自怠速转速起系统过稀
故障类型 2：　　　　　　　　　被动/偶发
症状：　　　　　　　　　　　　2821
状态：　　　　　　　　　　　　01100000
　+ 标准环境条件：
　+ 高级环境条件：

故障存储器记录
编号：　　　　　　　　　　　　P008700：燃油油轨/系统压力 过低
故障类型 2：　　　　　　　　　被动/偶发
症状：　　　　　　　　　　　　2838
状态：　　　　　　　　　　　　11101000

图8-16　发动机控制单元内的故障码

根据引导型故障测试计划提示，需要检查分析燃油低压测量值和燃油高压测量值。由于此时发动机经常起动后熄火，所以测试计划只能检查发动机不起动时的低燃油压力，经检查燃油低压为0（图8-17）。

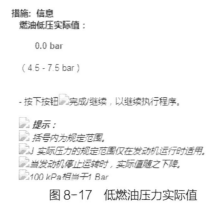

措施：信息
　燃油低压实际值：

　　0.0 bar

　（4.5 - 7.5 bar）

- 按下按钮 [ ] 完成/继续，以继续执行程序。

[ ] 提示：
[ ] 括号内为规定范围。
[ ] 实际压力的规定范围仅在发动机运行时适用。
[ ] 当发动机停止运转时，实际值随之下降。
[ ] 100 kPa相当于1 Bar

图8-17　低燃油压力实际值

为确认是燃油低压传感器故障还是实际燃油低压就没有，接上燃油压力表检查在起动时的燃油压力，结果确实为0，说明燃油低压传感器工作正常。引起这种情况的主要原因是低压电动燃油泵不工作，查阅油泵控制电路图（图8-18）。

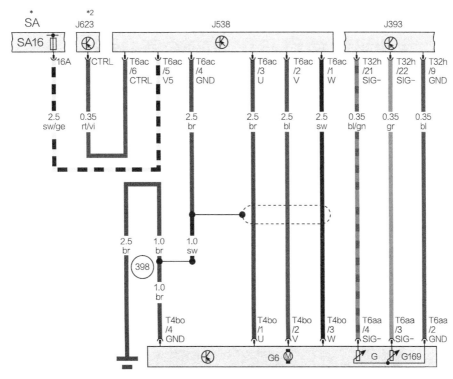

图 8-18　低压燃油泵相关电路

　　从图 8-18 中可以看出电动燃油泵 G6 受油泵控制模块 J538 控制，所以 G6 不工作的可能原因有：①油泵控制模块 J538 的熔丝 SA16 烧毁；② J538 和 G6 的共用接地存在虚接；③ J538 本身存在质量问题；④低压燃油泵 G6 本身存在质量问题。

　　经检查 J538 的供电和接地都良好，在执行元件诊断时偶尔有油泵运转一下一下的声音。结合之前发动机控制单元报故障码"燃油泵模块促动对地短路主动 / 静态"和"P025A00：燃油泵模块促动电气故障 / 断路被动 / 偶发"，分析认为 J538 内部损坏的可能性更大（图 8-19）。更换 J538 后可以顺利起动且发动机运转平稳，加速有力。经客户使用一周后跟踪回访，确认故障排除。

　　该车低压燃油泵是一个三相交流电动机，J538 其中的一个作用是将直流电变为三相交流电来控制油泵工作。要一次确认油泵或是 J538 哪个损坏，也可利用示波器的记录仪功能来检查 J538 的三相交流电输出。

图 8-19　位于右后轮前部的车身底板下的 J538

# 九　发动机排放灯点亮故障诊断分析

## 故障现象定义

故障主要表现为仪表中发动机排放灯常亮，此时尾气排放不达标，对发动机整体性能影响较小。

### 专家小贴士

OBD 作为减少尾气排放和监控尾气排放的必备装置，主要是对与排放质量密切相关的所有部件的电气功能进行监控。当相关部件出现功能故障时，点亮排放灯提示驾驶员尽快去检查处理（图 9-1）。

图 9-1　发动机排放灯

## 故障诊断分析流程

排放灯常亮 ⇒ 诊断仪检查

{ P044100燃油箱通气装置系统流速不正确
P218700燃油计量系统混合气太稀
P000000 } ⇒ 故障是由燃油箱蒸气回收系统导致，如炭罐、炭罐电磁阀N80或是管路堵塞或漏气

{ P1411二次空气系统生产能力太低
P04110二次空气气流故障
P14230第1组二次空气系统生产能力太低 } ⇒ 故障原因是组合阀和二次空气泵功能故障；空气滤清器、二次空气泵和管路里有异物；密封性或管路变形

P201500：进气管风门位置/运行控制传感器 不可信信号　⇒　进气歧管风门电位计失效

P0420催化剂系统催化效率低　⇒　三元催化器失效

P2177燃油计量系统在高于怠速时混合气过稀　⇒　喷油器工作不良

其他故障码——根据引导型测试计划检查排除

# 案例 1　奥迪 A4L-B9 行驶中排放灯点亮

## 车辆信息

发动机型号：CWNA　　　　变速器型号：0CK　　　　行驶里程：2986km

**VIN**: LFV3A28W6J3******　　故障频率：一直

## 诊断分析

用诊断仪检查 01 发动机控制单元有故障码"P201500：进气管风门位置 / 运行控制传感器 不可信信号被动 / 偶发"，如图 9-2 所示。

地址：0001 系统名：01 - 发动机电子设备 协议改版：UDS/ISOTP (Ereignisse: 1)

〔+〕识别：

〔-〕故障存储器记录：

**故障存储器记录**
编号：　　　　　　　　　　　　　　　　　P201500：进气管风门位置/运行控制传感器 不可信信号
故障类型 2：　　　　　　　　　　　　　　被动/偶发
症状：　　　　　　　　　　　　　　　　　2970
状态：　　　　　　　　　　　　　　　　　11101000

　〔-〕标准环境条件：
　　日期：　　　　　　　　　　　　　　　18-5-19
　　时间：　　　　　　　　　　　　　　　17:28:27
　　里程（DTC）：　　　　　　　　　　　2074
　　优先等级：　　　　　　　　　　　　　2
　　频率计数器：　　　　　　　　　　　　5
　　遗忘计数器/驾驶周期：　　　　　　　255

　〔+〕高级环境条件：

图 9-2　发动机控制单元内的故障码

根据其工作原理，引起该故障的可能原因以下几种：①进气歧管风门驱动电动机失效或真空管路漏气；②进气歧管风门轴存在转动卡滞；③进气歧管风门电位计参考电压和信号电压的线路存在断路、短路或虚接现象；④进气歧管风门电位计自身存在质量问题。

查询进气歧管风门电位计 G336 相关电路图，如图 9-3 所示。

## 排除过程

根据引导型测试计划提示使用 VAS6606 接线盒，将 VAS6606 连接在发动机控制单元插接器和发动机控制单元之间。通过手动真空泵驱动进气风门转动，读取信号电压实时数据，然后与标准数据比对。当然，系统也会提示在未接发动机控制单元的情况下，检查 G336 所有线路的通断和互短、对地和对正是否存在短路。

经检查，该车在进气风门打开状态电压为 1.33V，关闭状态为 3.92V，标准电压范围是 0 ~ 4V，显然与标准值相差较大。更换进气歧管风门电位计 G336 后故障排除。

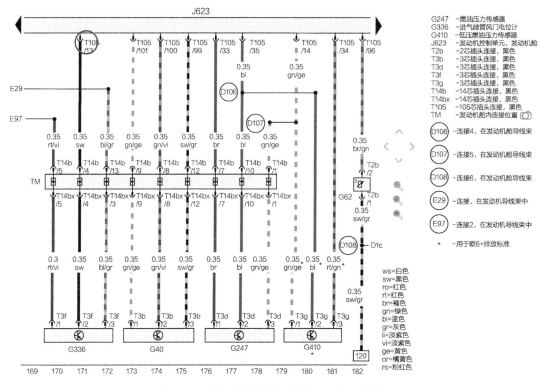

图 9-3 进气歧管风门电位计 G336 电路图

🔑 **专家提示**

该车进气歧管风门电位计在检查时电压为 1.33 ～ 3.92V，乍一看在标准范围之内；但认真分析其在打开状态时就在 0V 左右，而故障传感器只能到 1.33V，这中间差距不小。故障诊断排除工作需要在每一个细节中发现问题，才能提高一次修复率。

## 案例 2　奥迪 A4L-B9 排放灯点亮

### 车辆信息

**车型**：B9　2.0T　　　　**VIN**: LFV3A28W6K3******　　　　**发动机型号**：CWNA

**变速器型号**：0CK　　　　**行驶里程**：8623km　　　　**故障频率**：偶发多次

### 🔹 故障现象

客户反映车辆的排放灯亮了，之后到服务站消除故障码后行驶半个多月后又再次点亮。

### 🔹 诊断分析

用诊断仪检查发动机控制单元内有故障码"P044400：Tankentlüftungsventil 1

Unterbrechung 被动/偶发"。根据引导型故障测试计划，检查炭罐电磁阀 N80 是否能够动作。实际可以正常动作，进一步检查炭罐电磁阀是否漏气（需放在水中进行打压）。经查炭罐电磁阀存在漏气现象（图 9-4）。

图 9-4　漏气的炭罐电磁阀

> **排除与总结**

更换新的炭罐电磁阀并打压，确认新更换的备件不存在缺陷。更换后跟踪回访，确认故障排除。现在车辆诊断仪都有针对相关故障的检测计划，应首先按检测计划执行；如仍不能找到故障原因再进行其他原因分析。

## 案例 3　奥迪 A4L-B8 排放灯亮且怠速不稳

**车辆信息**

| | | |
|---|---|---|
| 车型：B8 2.0T | **VIN**：LFV3A28K9B3******* | 发动机型号：CDZ |
| 变速器型号：0AW | 行驶里程：57426km | 故障频率：一直 |

> **诊断分析**

用诊断仪检查 01 发动机控制单元里有故障码"P217800：气缸列 1，燃油测量系统自怠速转速起系统过浓主动/静态"和"P218800：气缸列 1，燃油测量系统 怠速转速时系统过浓主动/静态"，检查燃油压力低压在 5bar 左右，高压在 50bar 左右，在正常范围内。

常规检查火花塞发黑，存在混合气浓的现象，尾气中有生油味；长期燃油修正值为 -25%，已达到极限。进排气系统未发现有堵塞现象，其他相关传感器数据流未见异常。综上分析混合气浓是导致发动机怠速不稳定的主要原因，因其他方面没有发现明显异常，初步诊断分析为喷油器或燃油高压泵存在泄漏现象。

查询维修手册，其中有一段提示是"气缸列 1 或 2 长期燃油调整如果相应一个气缸列或者两个气缸列的数值介于 -10% ～ -20%，则可能是发动机机油中混入了燃油"。区分喷油器漏油还是高压泵漏油的方法是，读取高压燃油数据块并观察发动机，并观察上述测量值的压力曲线变化情况。如果高压喷油器密封，测量值应在几分钟内上升（因油轨中积聚热量导致压力上升），则说明喷油器不存在渗漏现象，那么最大可能是高压泵驱动柱塞存在漏油。注意此故障也会导致机油油位上升。

> **解决措施**

更换高压泵并保持大节气门开度 20min 以上，用以挥发机油中的燃油，之后试车一切正常。

总 结

　　区分究竟是高压泵泄漏还是喷油器渗漏，应结合数据流和内窥镜来进行确认。喷油器一般不会出现全部渗漏，而高压泵漏油刚表现为所有火花塞发黑。

## 案例 4　奥迪 A6L-C7 排放灯常亮

### 车辆信息

| | | |
|---|---|---|
| 车型：C7 2.5L | VIN：LFV5A24G6F3****** | 发动机型号：CLX |
| 行驶里程：65328km | 变速器型号：0AW | 故障频率：偶发多次 |

### 诊断分析

　　用诊断仪检查 01 发动机控制单元里有故障码 "P049100：二次空气系统，气缸列 1 流量过低主动 / 静态" 和 "P049200：二次空气系统，气缸列 2 功能失效主动 / 静态"（图 9-5）。根据引导型测试计划提示，当二次空气泵产生的压力过低或过高时都可能产生此故障码。查看二次空气泵系统管路，没有漏气的地方，而且该车两列气缸均报二次空气系统流量低或是功能故障，所以分析故障原因是二次空气泵供气压力低。

地址：0001 系统名：01 - 发动机电子设备（UDS）协议改版：UDS/ISOTP (Ereignisse: 2)

[+] 识别：

[-] 故障存储器记录：

　　**故障存储器记录**
　　编号：　　　　　　　　　　　　　P049100：二次空气系统，气缸列1 流量过低
　　故障类型 2：　　　　　　　　　　主动/静态
　　症状：　　　　　　　　　　　　　9507
　　状态：　　　　　　　　　　　　　11101101

　　　[+] 标准环境条件：
　　　[+] 高级环境条件：

　　**故障存储器记录**
　　编号：　　　　　　　　　　　　　P049200：二次空气系统，气缸列2 功能失效
　　故障类型 2：　　　　　　　　　　主动/静态
　　症状：　　　　　　　　　　　　　9508
　　状态：　　　　　　　　　　　　　11101101

图 9-5　发动机控制单元内的故障码

### 解决措施

　　更换二次空气泵一个月后跟踪回访，确认故障已排除。

如果二次空气系统仅报某一列气缸流量过低，故障原因可能是该二次空气组合阀存在机械卡滞，应对调或替换组合阀再观察。因为二次空气喷射系统仅在冷起动后工作 30～90s，所以故障现象一般多在刚起动后出现。

## 案例5　奥迪 A6L–C7 怠速抖动且排放灯常亮

**车辆信息**

| | | |
|---|---|---|
| 车型：C7 2.0T | **VIN**：LFV3A24G6E3＊＊＊＊＊＊ | 发动机型号：CDN |
| 行驶里程：64857km | 变速器型号：0AW | 故障频率：一直 |

**诊断分析**

用诊断仪检查 01 发动机控制单元里有故障码"P050700: 怠速控制转速超出规定值主动 / 静态"和"P227900: 进气系统中的少量气流主动 / 静态"（图 9-6）。根据引导型测试计划，需要检查进气系统是否存在漏气。经检查未发现进气系统有漏气现象，但油气分离器有时有"呜呜"异响，在油气分离器通大气口处有明显的吸力，说明油气分离器的膜片已开裂损坏（图 9-7）。

图 9-6　发动机控制单元内的故障码　　　图 9-7　损坏的油气分离器

大众 EA888 发动机油气分离器损坏是一个比较常见的故障，主要表现为怠速抖动、有时存在"呜呜"异响或发动机排放灯亮起。以上这些故障现象既可能是单独出现，也可能是全部出现。在检查过程中，主要是看油气分离器通大气孔处是否有吸力，正常是没有吸力的，同时配合负压表检查曲轴箱负压是否正常，当然整个进气系统是否漏气还是要做全面的检查（EA888 发动机曲轴箱负压为 100mbar+15mbar）。

## 案例6　奥迪A6L-C7PA怠速抖动且排放灯常亮

### 车辆信息

**车型：** C7 2.5L　　　　**VIN：** LFV5A24G3J3******　　　　**发动机型号：** CLX

**变速器型号：** 0AW　　　　**行驶里程：** 30491km　　　　**故障频率：** 一直

### 诊断分析

用诊断仪检查01发动机控制单元内有故障码"P052E00：曲轴箱通风阀功能失效被动/偶发"，如图9-8所示。故障码频率有50次，说明该故障是真实存在的而不是偶发故障。

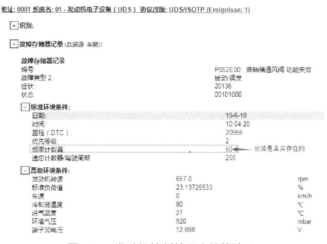

图9-8　发动机控制单元内的故障码

该车曲轴箱通风系统上还有一个电磁截止阀N548，该阀安装在空气滤清器后进气管和发动机V形腔中的曲轴箱油气分离器上。根据引导型故障测试计划，检查结果提示该故障为偶发故障，无法得出技术结论，建议检查软管连接是否存在挤压、弯曲或泄漏（图9-9）。

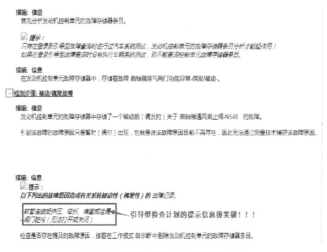

图9-9　引导型测试计划提示信息

根据上述检查，故障可能是曲轴箱排气截止阀 N548 电磁阀或相关线路存在间歇性故障，也可能是连接电磁阀的软管存在泄漏。由于检查软管是否泄漏需要拆下进气歧管，决定首先排查 N548 的线路及插接器（图 9-10）。

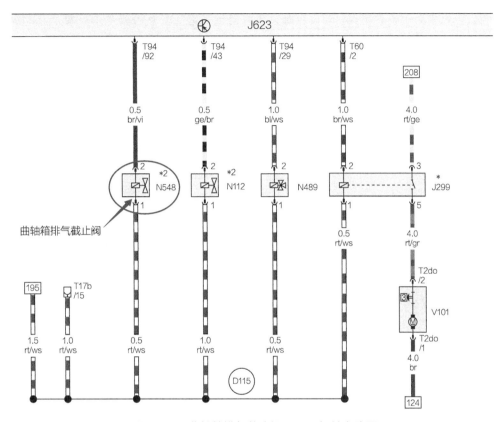

图 9-10  曲轴箱排气截止阀 N548 相关电路图

经检查 N548 的线路和插接器连接良好，不存在虚接或断路现象。拆下进气歧管检查，发现连接电磁阀的软管在曲轴箱油气分离器处断裂（图 9-11）。

图 9-11  连接 N548 的软管断裂

> 🔑 **专家提示**
>
> N548 在 C7PA 之前的车型上并没有配置，是新增加的一个部件。另外，在诊断检查时要注意故障码发生的环境条件和引导型故障测试计划的提示信息。对于 C7 2.5L 车型，该故障属于多发情况，对出现类似故障码的现象应重点检查那个软管是否断裂。

# 十 发动机配气相位不正确故障诊断分析

## ▶ 故障现象定义

此类故障表现为发动机抖动、加速不良同时伴有 EPC 灯点亮。用诊断仪检查发动机控制单元内有故障码"凸轮轴与曲轴相位分配不正常"，故障一般是以静态形式存在。

## ▶ 故障诊断分析流程

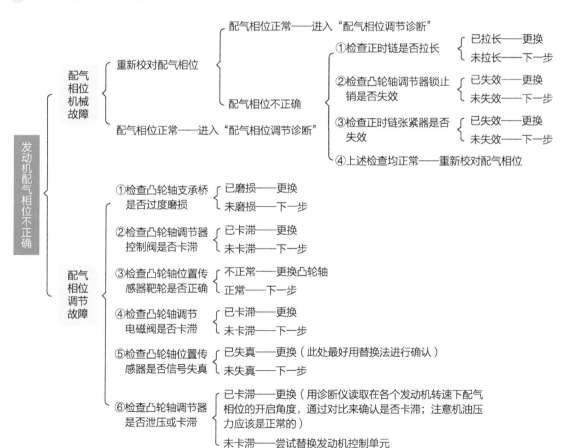

## 案例 1　奥迪 A6L–C6 发动机起动困难

### 车辆信息

**车型：** C6 3.0T　　　　　**发动机型号：** CAJ　　　　　**变速器型号：** 09L

**行驶里程：** 173562km　　　**VIN:** LFV6A24F983******　　**故障频率：** 一直

### 故障检查与诊断分析

该车装备的是 3.0T 机械增压发动机，客户反映该车两个月前起动性能良好，但近一个月出现不好起动，而且越来越严重。现场核实故障现象，发现起动很困难，需要很长时间才能起动，但起动后怠速还比较稳定。用诊断仪检查故障码为"P0016 气缸列 1 凸轮轴位置 / 曲轴位置传感器分配不正确"（图 10-1）。

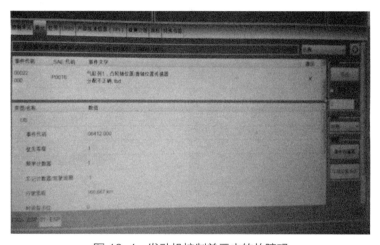

图 10-1　发动机控制单元内的故障码

根据引导型测试计划需检查配气正时。根据 ELSA 维修手册，使用专用工具核对配气正时，经检查发现配气正时正常。

根据故障码再结合故障现象分析认为，当前可能故障原因有：①曲轴位置传感器 G28 或气缸列 1 凸轮轴位置传感器 G40 中的某一传感器信号失真；②凸轮轴机械配气相位存在误差（在检查配气正时过程中发现该车发动机最近进行过大修）；③发动机控制单元 J623 存在故障，出现判断错误。

### 排除过程

用示波器检查发现，当曲轴位置传感器出现缺齿时，凸轮轴位置传感器应处于 1 缸或 4 缸位置；而波形显示两个传感器波形与标准不吻合，如图 10-2 和图 10-3 所示。

进一步检查凸轮轴位置传感器的靶轮，发现靶轮位置与正常车有一定偏差，如图 10-4 和图 10-5 所示，更换带靶轮的凸轮轴后故障排除。

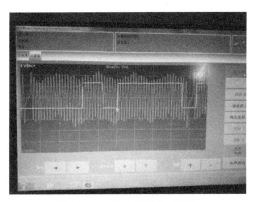

图 10-2　曲轴位置传感器与
凸轮轴位置传感器波形 1

图 10-3　曲轴位置传感器与
凸轮轴位置传感器波形 2

图 10-4　靶轮正确位置

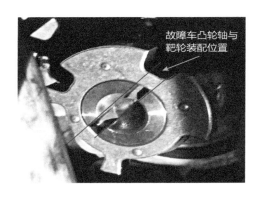

图 10-5　故障车靶轮位置

### 总 结

　　该车在其他维修店大修发动机时，为了松开凸轮轴调节器固定螺栓（调节阀芯），违规使用一字螺钉旋具固定凸轮轴，在操作过程中靶轮产生位移，导致凸轮轴与曲轴配气相位错误。在维修工作中，要尽可能地使用专用工具来拆装相关零部件，避免由于操作不当产生人为故障。

## 案例 2　奥迪 Q5 EPC 灯亮伴有发动机抖动

### 车辆信息

| | | |
|---|---|---|
| **车型**：奥迪 Q5 2.0T | 发动机型号：CHU | 变速器型号：0BK |
| **VIN**: LFV3B28R4E3****** | 行驶里程：560km | 故障频率：多次 |

诊断分析

使用诊断仪检查 01 发动机控制单元里有故障码"P001600：气缸列 1，凸轮轴位置 / 曲轴位置传感器分配不正确主动 / 静态"和"P001100：气缸列 1，凸轮轴滞后点火调节 目标未达到被动 / 偶发"。根据引导型测试计划，需要检查配气正时以及气缸列 1 进气侧凸轮调节器油道是否堵塞、凸轮轴是否发卡以及机油压力是否过低。由于该车是客户刚购买的车辆，抱怨很大，作业要求做到尽量缩小作业范围以降低客户抱怨。初步分析是由于进气凸轮调节器卡滞或是调节不当导致出现曲轴与凸轮轴分配不合理的故障码。

排除过程

首先对调了进排气凸轮轴调节器控制电磁阀 N205 和 N318，做测试计划"凸轮轴调整气缸列 1 进气侧"；但结果是测试无法成功完成，诊断仪提示凸轮轴调节器"油道堵塞或是调节器本身卡滞"。根据这种情况，决定先拆下凸轮轴支承桥，检查凸轮轴调节器油道是否存在堵塞现象。

拆下支承桥没有发现有明显的油道堵塞现象。由于客户不再同意扩大维修作业范围，一时维修陷入了僵局。再次详细检查凸轮轴调节器与支承桥，忽然发现支承桥进气侧与排气侧存在一些差异，如图 10-6、图 10-7 所示。

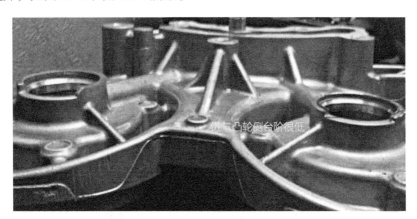

图 10-6 磨损了凸台的凸轮轴支承桥

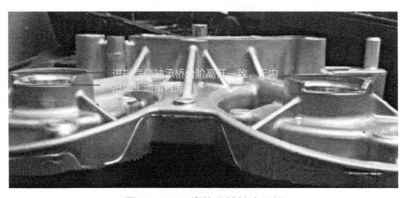

图 10-7 正常的凸轮轴支承桥

### 排除与总结

更换凸轮轴支承桥、进气凸轮和相关组件后故障排除。

🔑 专家小贴士

部分第三代 EA888 发动机由于进气侧凸轮限位可能存在误差，导致发动机在工作过程中凸轮轴前后轴向窜动偏大，进而会磨损凸轮轴支承桥的凸台，导致凸轮轴调节器相关油道通过截面积发生变化。在发动机工况达到调整转速时，由于油道错位导致调节器响应速度变慢；此时发动机控制单元就会产生凸轮轴调节错误和发动机曲轴和凸轮轴位置传感器分配位置不合理的故障，做引导型测试计划时会提示检查配气正时是否正常。该车装配的是奥迪第三代 EA888 发动机，采用的是进气歧管喷射和缸内直喷的双喷射发动机。

## 案例 3　奥迪 A4L–B8 EPC 灯报警怠速抖动且加速无力

#### 车辆信息

| | | |
|---|---|---|
| 车 型：B8 2.0T | VIN：LFV3A28K1A3****** | 变速器型号：0AW |
| 行驶里程：126000km | 发动机型号：CDN | 故障频次：经常 |

### 诊断分析

故障存储凸轮轴 G40 分配不正确，读取数据块凸轮轴调节在 –58°（通过观察其他车辆数值在 –1.5°～–0.3°之间。拆检正时传动系统，发现因链条无法张紧导致正时错位。检测张紧器及链轮等部件均正常。重新校对正时后，人工转动发动机几圈发现链条还会跳齿，故障依旧。进一步检查发现是正时链被拉长，导致配气正时错乱（图 10-8）。

图 10-8　被拉长的正时链

🔑 专家提示

奥迪、大众装备 EA888 发动机的车辆，行驶里程超过 100000km 以后出现正时链拉长的案例比较多见，在售后维修检查过程中一定不要忽略这个因素。

### 案例 4 奥迪 A4L-B8 发动机抖动且起步易熄火

**车辆信息**

车辆：B8 2.0T　　　　　发动机型号：CDN　　　　　行驶里程：10243km

变速器型号：0AW　　　　故障频率：一直

**诊断分析**

用诊断仪检查发动机控制单元里有故障码"气缸列 1 凸轮轴位置传感器 G40 曲轴位置分配不正确 / 静态"和"气缸 1 3 4 2 检测到不发火 / 静态"。根据上述检查结果，首先检查了配气正时相关零件，正时链没有拉长，凸轮轴调节器锁止销锁止正常，正时链张紧器工作正常，重新校对了配气正时也没有发现问题。从上述检查结果来分析，故障原因应该在配气相位调节部分。首先将凸轮轴调节阀进行了动作测试，结果可以听到哒哒声很明显，初步说明凸轮轴调节电磁阀工作正常。准备对进气凸轮轴进一步拆解检查，无意中发现调节阀与以往见过的不一样（图 10-9）。对比故障车的调节阀和正常的调节阀，发现凸点与油道是过盈配合；当凸点凸出，相当于凸轮轴调节阀还没有工作，控制阀就一直在调节了。

图 10-9　故障调节阀凸出

**总 结**

　　控制阀内阀芯与封盖是过盈配合，内阀芯凸出相当于凸轮轴调节阀还没有工作，控制阀就一直在调节了。

# 十一 涡轮增压压力不合理故障诊断分析

**故障现象定义**

故障主要表现为发动机加速时出现动力不足或耸车现象并伴有 EPC 灯亮，用诊断仪检查发动机控制单元内有故障码"增压压力未达到极限"或"增压压力超过极限"。

## 故障诊断分析流程

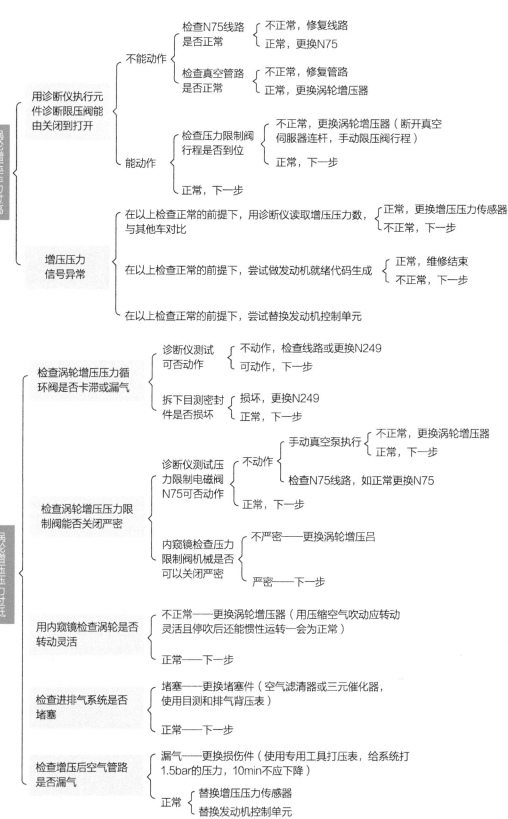

# 案例 1 奥迪 A4L–B8 加速不良

## 车辆信息

车型：A4L- B8　　　　发动机型号：CDZ　　　　变速器型号：0AW

行驶里程：19236km　　　VIN：LFV3A28K9B3******　　故障频率：一直

## 故障现象

车速在 30km/h 以上踩加速踏板，发动机发闷并伴有动力提升很慢。

## 诊断分析

用诊断仪检查 01 发动机控制单元里有故障码"P029900：增压压力控制 没有达到控制极限主动 / 静态"，根据引导型测试计划给出的可能原因如图 11-1 所示。

措施：信息
可能的故障原因：

利用
**机械机构维修手册检查部件**

涡轮增压器循环空气阀-N249损坏

废气涡轮增压器和进气管之间泄漏

增压压力限制电磁阀-N75软管损坏

增压压力限制电磁阀-N75损坏

增压压力调节压力罐或压力罐拉杆损坏

废气涡轮增压器中的废气旁通阀泄漏

增压压力传感器-G31损坏

在燃油质量较差的国家中，堵塞的尾气催化净化器也可能成为可能的原因

如果上述故障原因都不相符，则请更换废气涡轮增压器。

图 11-1　诊断仪给出的建议检查项

用诊断仪实时读取增压压力传感器的图形数据，发现实际增压压力明显低于理论值，如图 11-2、图 11-3 所示。

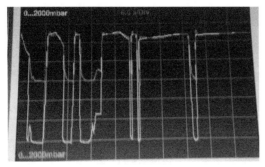

图 11-2　正常增压压力传感器规定值与实际值

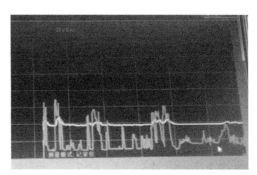

图 11-3　故障车增压压力传感器规定值与实际值

绿色波形为规定值，黄色波形为实际值！

### 故障排除过程

根据引导型故障检查结果，依次检查了三元催化器是否堵塞、增压器和进气管之间是否泄漏、增压压力限制阀 N75 是否能正常工作、增压器循环空气阀 N249 是否卡滞，以及替换了增压压力传感器 G31，均没有排除故障。用内窥镜检查增压器内部叶轮良好、废气旁通阀密封良好，用压缩空气在三元催化器前氧传感器处吹增压器排气侧叶轮，增压器转动灵活无卡滞现象。

维修思路一时有点迷茫，经组织技术人员会诊分析，认为还是排气系统堵塞。最后决定从排气管处断开后消声器试车，经路试发现加速有明显的推背感，动力恢复正常。于是更换后消声器，故障消除（图 11-4）。

后消声器消声材料脱出

图 11-4　消声器内的玻璃造成堵塞

专家提示

一般汽油机排气系统堵塞多发生的三元催化器处，而该车三元催化器没有堵塞，这在一定程度上让维修思路产生了麻痹，初步认为排气系统不堵塞。对于类似故障，可以分段检查各消声器是否存在堵塞，也可以使用内窥镜进行检查；正常消声器应该从排气管内看不到消声材料，如果发现有消声材料外露，可以判断为该消声器损坏。

## 案例 2　奥迪 Q5 加速不良并伴有 EPC 灯亮

### 车辆信息

| | | |
|---|---|---|
| 车型：Q5 2.0T | 发动机型号：CADA | VIN：LFV3B28RXE3****** |
| 变速器型号：0BK | 行驶里程：146352km | 故障频率：一直 |

### 故障现象

客户反映行驶中突然出现加速不良，且仪表 EPC 灯点亮。用诊断仪检查 01 发动机控制单元内有故障码"P00AF00：废气涡轮增压器调整装置 1 卡滞主动 / 静态"，如图 11-5 所示。

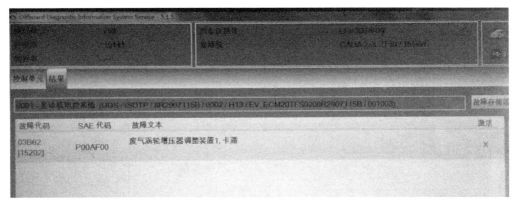

图 11-5 发动机控制单元内的故障码

### 诊断分析

根据引导型故障测试计划，需要更换涡轮增压器总成。拆下带位置传感器的调节电动机，发现电动机确实已经卡滞无法动作。根据人工检查结果和诊断仪提示分析，认为是增压压力调节电动机卡滞导致故障产生。由于增压压力调节电动机 V465 不提供单独备件，所以只能更换涡轮增压器总成。图 11-6 所示为增压调节电动机相关电路图。

### 排除过程

维修人员将新的涡轮增压器总成装到发动机上，消除故障码。原地空加油试验，发现增压器调节电动机可以来回动作，初步认为故障已排除。但在实际路试中发现，车速达到 50km/h 左右时再次出现加速不良和 EPC 灯亮的故障。用诊断仪检查有故障码"P00AF00：废气涡轮增压器调整装置 1 卡滞主动 / 静态"，和维修之前完全一致。

难道是新更换的涡轮增压器存在相同的质量问题？维修技师一时不能下一个准确的定论。在这种情况下笔者参与了诊断分析工作。首先笔者用诊断仪读取了一组在故障出现时的数据流，如图 11-7 所示。

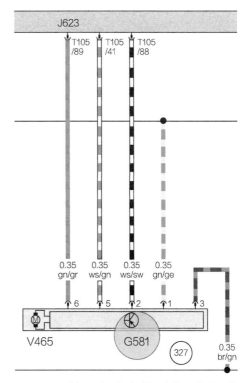

图 11-6 增压器调节电动机（位置传感器）

| 测量值名称 | ID | 值 |
|---|---|---|
| 增压压力1，状态 | MAS03317 | 不可用 |
| 增压压力2，标准值 | MAS03318 | 不可用 |
| 增压空气压力2，实际值 | MAS03319 | 未安装 |
| 增压压力2，状态 | MAS03320 | 不可用 |
| 增压压力1，标准值 | MAS03315 | 99.28125 kPa |
| 增压空气压力1，实际值 | MAS03316 | 121.15625 kPa |
| 增压压力2，标准值 | MAS03318 | 0.0 kPa |
| 增压空气压力2，实际值 | MAS03319 | 0.0 kPa |
| 增压压力，状态 | MAS03321 | |
| 增压压力1，状态 | MAS03317 | — |
| 增压压力2，状态 | MAS03320 | |
| 增压压力控制，低于最小临界值的匹配 | IDE01895 | |
| — | MAS00194 | 0.29 % |
| 增压压力控制，高于最大临界值的匹配 | IDE01894 | |
| — | MAS00194 | 2.54 % |
| 增压活动风门，实际值 | IDE01924 | |
| — | MAS00194 | 打开 |

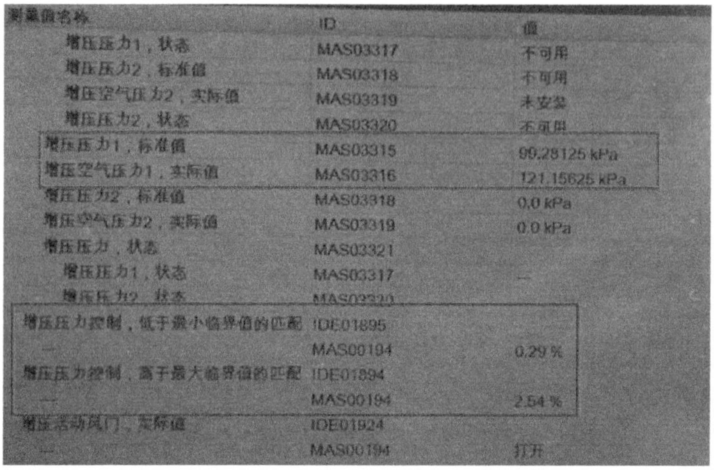

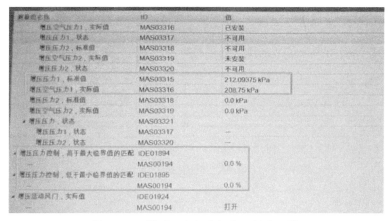

图 11-7　故障时的增压压力数据流

通过读取数据发现增压压力大于标准值 20% 左右，且增压控制高于最大临界匹配为 2.54%。涡轮增压器应随车速升高，增压压力呈减小状态（由于转矩需求减小）。但此车涡轮增压压力不能减小，说明增压调节电动机 V465 不能有效推开涡轮增压器的旁通阀。

此时维修技师建议将 V465 推杆人为调长，使旁通阀开度更大一些。由于此车增压调节电动机不单独提供，且观察电动机推杆调节位置有油漆打封的标志，初步说明电动机推杆在出厂时应该已经调校到最佳位置。再次在发动机空载时急加速，发现增压器调节电动机可以前后动作，说明电动机本身不存在卡滞。此时最大可能是增压调节电动机没有和发动机控制单元进行匹配，也就是发动机控制单元并不清楚电动机最大和最小行程（此电动机自带位置传感器）。

在诊断仪引导型功能、自诊断匹配及选择自己的测试计划内均无相关匹配菜单，也就是说暂时没办法进行匹配。根据分析，故障最有可能还是匹配不当引起，此时想起发动机更换与排放有关的传感器或执行器应进行“就绪代码生成”测试计划。在没有其他有效的方法的情况下，尝试做了就绪代码生成。消除故障码后再次路试，发现故障不再出现。经长时间路试确认故障排除，之后读取增压压力相关数据流，如图 11–8 和图 11–9 所示。

| 测量值名称 | ID | 值 |
|---|---|---|
| 增压空气压力1，实际值 | MAS03316 | 已安装 |
| 增压压力1，状态 | MAS03317 | 不可用 |
| 增压压力2，标准值 | MAS03318 | 不可用 |
| 增压空气压力2，实际值 | MAS03319 | 未安装 |
| 增压压力2，状态 | MAS03320 | 不可用 |
| 增压压力1，标准值 | MAS03315 | 212.09375 kPa |
| 增压空气压力1，实际值 | MAS03316 | 208.75 kPa |
| 增压压力2，标准值 | MAS03318 | 0.0 kPa |
| 增压空气压力2，实际值 | MAS03319 | 0.0 kPa |
| 增压压力，状态 | MAS03321 | |
| 增压压力1，状态 | MAS03317 | — |
| 增压压力2，状态 | MAS03320 | — |
| 增压压力控制，高于最大临界值的匹配 | IDE01894 | |
| — | MAS00194 | 0.0 % |
| 增压压力控制，低于最小临界值的匹配 | IDE01895 | |
| — | MAS00194 | 0.0 % |
| 增压活动风门，实际值 | IDE01924 | |
| — | MAS00194 | 打开 |

图 11-8　增压压力标准与实际基本一致

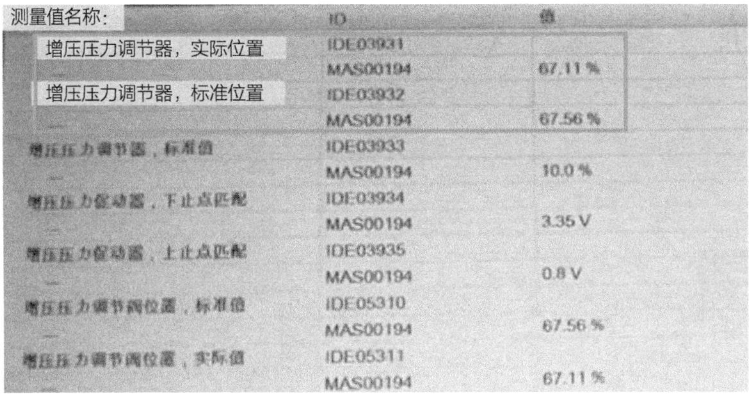

| 测量值名称: | ID | 值 |
|---|---|---|
| 增压压力调节器，实际位置 | IDE03931 | |
| — | MAS00194 | 67.11 % |
| 增压压力调节器，标准位置 | IDE03932 | |
| — | MAS00194 | 67.56 % |
| 增压压力调节器，标准值 | IDE03933 | |
| — | MAS00194 | 10.0 % |
| 增压压力促动器，下止点匹配 | IDE03934 | |
| — | MAS00194 | 3.35 V |
| 增压压力促动器，上止点匹配 | IDE03935 | |
| — | MAS00194 | 0.8 V |
| 增压压力调节阀位置，标准值 | IDE05310 | |
| — | MAS00194 | 67.56 % |
| 增压压力调节阀位置，实际值 | IDE05311 | |
| — | MAS00194 | 67.11 % |

图 11-9　增压压力调节器位置标准与实际数据

**专家提示**

该故障本来排除比较简单，但更换后没有进行匹配导致发动机控制单元不确定增压压力调节电动机的最大和最小行程，无法进行精确控制，导致故障产生。此时如不能及时找到故障原因，会使客户信任度急骤下降，甚至产生抱怨。在确认调节电动机可以动作（原无法动作），说明故障已发生变化，应再寻求其他措施来解决问题。本案例诊断仪中并没有直接的匹配菜单，如果放弃做“就绪代码生成”，可能意味着找不到故障原因。在没有合适的解决方案之前，不妨尝试一些相关的匹配，验证其是否对本故障有效。

## 案例 3　奥迪 Q5 发动机无力加速迟缓

### 车辆信息

**车型：**奥迪 Q5 2.0T　　**发动机型号：**CAD　　**变速器型号：**0B5

**行驶里程：**26453km　　**VIN：**LFV3B28R0B3******　　**故障频率：**一直

### 诊断分析

该车仪表并没有警告灯点亮，首先进行了路试验证故障。当车速在 60km/h 左右、档位在 6 档时急加速发动机发闷，变速器档位降为 3 档；在爬坡路行驶时只能以 1 档缓慢爬行。综合试车现象认为，可能是涡轮增压器存在增压不良的情况。

用诊断仪检查发动机控制单元有故障码“P029900：增压压力控制没有达到控制极限”。根据引导型故障测试计划提示，在 3 档、发动机转速在 2500 ～ 3000r/min 时测得增压压力数据进行分析，如图 11-10 和图 11-11 所示。

从数据流可以明显看到实际增压压力几乎是在 923mbar 左右不动，也就是说接近标准大气压力，说明此时根本就没有增压压力。导致增压压力不足的可能原因如图 11-12 所示。

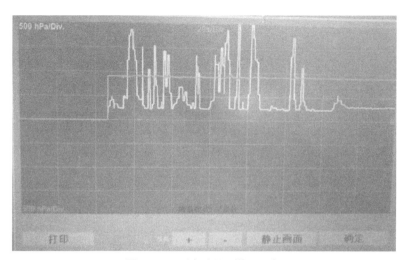

500 hPa/Div.
打印
+
-
静止画面
确定

图 11-10　波形显示增压压力

读取的增压压力值：
实际增压压力：　924.53 mbar
标准增压压力：1980.0 mbar
脉冲占空比：　95.7
转速：%.0r_drehzahl
按下▶按钮继续。
提示：
接着以图形形式输出实际增压压力与标准增压压力的对比。

图 11-11　数据显示增压压力

**措施：信息**

**可能的故障原因：**

**利用**

**机械机构维修手册检查部件**

- 涡轮增压器循环空气阀-N249损坏
- 废气涡轮增压器和进气管之间泄漏
- 增压压力限制电磁阀-N75软管损坏
- 增压压力限制电磁阀-N75损坏
- 增压压力调节压力罐或压力罐拉杆损坏
- 废气涡轮增压器中的废气旁通阀泄漏
- 增压压力传感器-G31损坏
- 在燃油质量较差的国家中，堵塞的尾气催化净化器也可能成为可能的原因

如果上述故障原因都不相符，则请更换废气涡轮增压器。

图 11-12　增压压力不足的可能原因

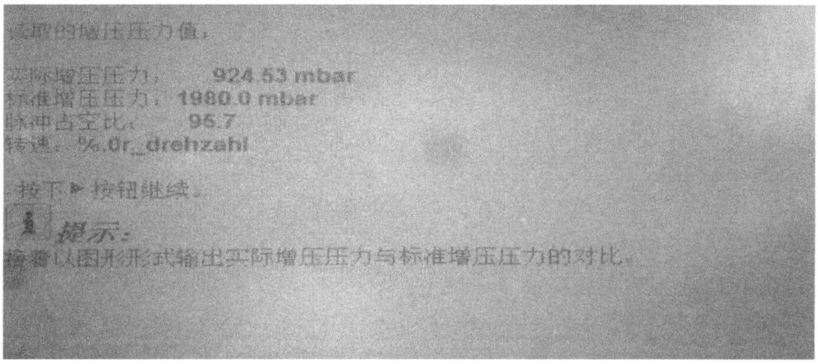

> 排除过程

由于客户刚更换过三元催化器，所以暂不考虑排气系统堵塞，重点检查涡轮增压器循环空气阀 N249 和增压压力限制阀是否存在漏气。拆下 N249 发现密封环良好，且不存在卡滞现象。为一次性找到故障原因，拆掉增压器进气侧的进气软管，用内窥镜检查，发现进气侧涡轮运转良好，没有卡滞和叶片损坏现象。拆下三元催化器前氧传感器，用内窥镜检查，发现涡轮增压器的废气旁通阀存在关闭不严现象（图 11-13）。

用手来回推动旁通阀真空执行器，发现旁通阀没有动作。用内窥镜检查旁通阀和真空执行器，发现连接杆已经脱开（图 11-14）。

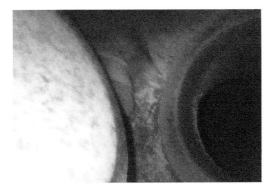
图 11-13 旁通阀无法关闭

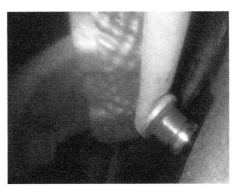
图 11-14 连接杆脱开

拆下增压器，将脱开的旁通阀连接杆装复，并自制一个卡子防止再次脱落（图 11-15）。

图 11-15 连接杆卡子丢失

> 总 结

涡轮增压器旁通阀（增压压力限制阀）连接杆脱开故障很少发生。在排除类似故障时，主要通过数据流读取确认当前增压压力是否真的异常，然后根据影响增压的原因逐个检查排除，自然就水到渠成找到最终故障原因。

## 案例 4　奥迪 A6L-C7 车速超过 80km/h 急加速时耸车明显

**车辆信息**

车型：C7 2.0T　　　　　变速器型号：0AW　　　　　行驶里程：35682km

发动机型号：CDNB　　　VIN：LFV3A24G7E******　　故障频率：一直

### 诊断分析

路试发现当车速达到 80km/h 以上，急加油时车辆出现明显的耸车并伴有发动机"呼呼"异响。用诊断仪读取 01 发动机控制单元里有故障码"P029900：增压压力控制没有达到控制极限主动 / 静态"；读取增压压力规定值与实际值数据，如图 11-16 和图 11-17 所示。增压压力实际值与规定值相差超过 20hPa。根据导航提示，首先检查了进排气系统是否堵塞，检查发现没有堵塞现象；接着检查了增压器管路是否存在漏气现象，检查也正常；试换增压压力传感器 G31，故障没有改善；用真空枪（两用型）检查真空压力限制调节电动机，能够正常动作；检查循环空气阀 N249 动作正常，密封良好；对比增压压力限制阀 N75，发现在不通电时和正常车功能没有差别；检查增压器机械方面并没有故障，替换增压压力限制电磁阀 N75，故障排除。

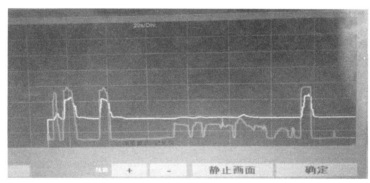

图 11-16　增压压力规定值与实际值图形数据

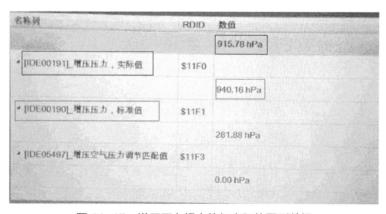

图 11-17　增压压力规定值与实际值图形数据

N75 的控制策略是：在无电流通过的情况下，N75 电磁阀闭合，而增压直接作用于隔膜。这样，只要气压稍微增加，增压控制阀就会打开。也就是说电磁阀不通电时 N75 的真空膜盒管路和增压后的空气管路相通，此时随着增压压力的增加会打开排气涡轮侧的旁通道，使排气压力下降，从而降低涡轮转速和进气增压压力（图 11-18）。

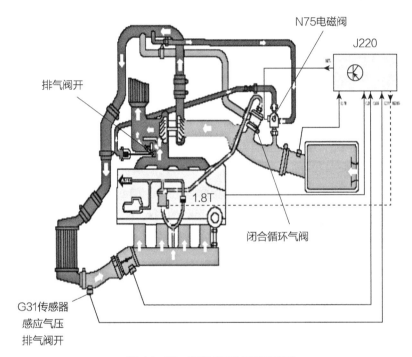

N75电磁阀

J220

排气阀开

1.8T

闭合循环气阀

G31传感器
感应气压
排气阀开

图 11-18　涡轮增压控制原理图

本车的故障是 N75 增压压力限制电磁阀存在发卡现象，在急加速时出现 N75 电磁阀通电，本应将增压控制阀的管路和空气滤清器处的真空管接通，但由于该阀存在卡滞，使增压压力控制阀管路仍和增压后的空气管路相通，导致排气涡轮侧的旁通道部分打开，造成排气压力下降，从而降低涡轮转速，进而影响增压压力无法达到规定值。

诊断该故障时可断开增压控制阀上的真空管，如故障码变为"P023400：增压压力控制 超出控制极限被动 / 偶发"，说明故障原因就是增压压力限制电磁阀 N75 存在机械故障。

## 案例 5　奥迪 A8L-D4 4.0T 行驶中熄火无法起动

**车辆信息**

车型：D4 4.0T　　　　变速器型号：0BK　　　　行驶里程：106754km

VIN：WAUB2D4G3EN1******　　故障频率：一直

### 诊断分析

用诊断仪检查发动机控制单元里有"增压压力未达到极限"和"发动机失火"等多个故障码。对于发动机不能起动，诊断思路我们已经讲过，首先该车起动机运转有力，说明防盗系统和蓄电池电压及起动机方面没有故障；检查气缸压力和配气正时，没有发现问题；此时问题集中在喷油、点火和进气三个方面。通过诊断仪检查燃油压力和示波器检查喷油器及点火线圈波形，排除了前两点。

此时只剩下进气系统。检查发现有增压压力未达到极限，正常情况当增压压力出现异常时不会影响到起动，因为在起动时涡轮转速为0，所以我们从进气系统是否堵塞或漏气来检查。经用内窥镜检查，发现两列气缸的涡轮轴已磨断（图11-19）。这种情况相当于进气系统漏气，新鲜空气直接从排气管中排出，同时在原来能起动的情况下，废气也会进入进气管这一侧，导致空燃比严重失调，所以会报"发动机失火"故障码。

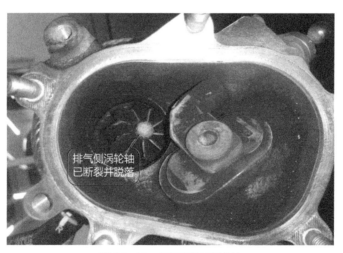

图 11-19　已断裂的涡轮轴

### 总　结

奥迪 4.0T 双涡轮增压发动机属于高功率发动机，一定要按厂家的保养要求更换适应该机型的机油。否则会导致去往涡轮增压器的润滑油道因积炭堵塞，进而发生增压器润滑不良而损坏的严重故障。

# 案例6 奥迪A7加速不良

## 车辆信息

**车型**：A7 1.8T     **发动机型号**：CYGA     **变速器型号**：0CK

**行驶里程**：30009km     **VIN**: WAURCC4G2GN******     **故障频率**：一直

## 故障现象

客户反映行驶过程中EPC灯突然亮起，接着出现发动机耸车和加速不良的现象。

## 诊断分析

用诊断仪检查01发动机控制单元里有故障码"P029900：增压压力控制，没有达到控制极限"（图11-20）。怠速时发动机运转不平稳，可以消除故障码，消码后怠速时不再出现。首先决定实车路试验证故障现象，并实时读取数据块。

图11-20　发动机控制单元中的故障码

在路试过程中，感到发动机加速无力，最高车速不能超过90km/h。读取增压压力实时数据，如图11-21和图11-22所示，实际增压压力几乎没有（实际增压压力为绿色图形）。结合试车感受和数据分析，车辆加速不良是由于增压压力不足导致。

图11-21　实际增压压力与标准增压压力差

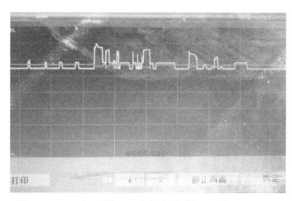

图 11-22　实际增压压力与标准增压压力图形显示

引起增压压力不足主要有以下几种原因：①涡轮增压器循环空气阀 –N249 损坏；②废气涡轮增压器和进气管之间泄漏；③增压压力调节器 V465 损坏；④增压压力调节器 V465 拉杆损坏；⑤废气涡轮增压器中的废气风门泄漏；⑥废气涡轮增压器损坏；⑦增压压力传感器 G31 损坏；⑧进气滤清器或尾气催化净化器堵塞。

由于该车行驶里程刚过 30000km，且最近没有事故，分析认为管路漏气的可能性很小，故障原因可能是进排气堵塞或是增压压力限制阀关闭不严。

### 排除过程

检查空气滤清器没有堵塞现象，拆下氧传感器检查增压压力限制阀关闭良好。本来计划从前氧传感器处用内窥镜检查三元催化器是否堵塞，但 EA888 Gen3 发动机涡轮增压器壳体上无法观察到三元催化器是否堵塞。拆下进气软管，用内窥镜观察且同时用压缩空气吹进气侧涡轮，检查发现涡轮始终不转。正常情况下用压缩空气吹，涡轮应该转动很灵活。初步判定是涡轮轴存在卡滞。拆下涡轮增压器发现涡轮轴严重旷动，更换涡轮增压器后故障排除（图 11-23）。

图 11-23　严重旷动的涡轮轴

专家小贴士

涡轮增压器常见故障有两种，分别是增压压力未达到极限值和增压压力超过极限值。未达到极限值的原因上文已阐述过，而增压压力超过极限值主要是由于增压压务限制阀无法在发动机转速较高时打开，造成增压压力无法调节。在检查涡轮增压器故障中，用内窥镜检查增压压力限制阀能否正常开闭和涡轮自身是否运转灵活是非常有效的手段，可以起到事半功倍的效果。对于涡轮增压发动机，引起涡轮早期损坏的原因主要有：①未按厂家要求定期保养；②更换的润滑油品质不达标；③私自修改发动机数据，提高发动机输出功率。

## 案例 7　大众尚酷 EPC 灯亮发动机加速不良

### 车辆信息

车型：尚酷　2.0T　　　　VIN: WVWSR3136DV******　　　发动机型号：CAD
变速器型号：02E　　　　行驶里程：63529km　　　　　故障频率：一直

### 诊断分析

用诊断仪检查 01 发动机控制单元内有故障码"P0234 增压压力调节超过极限主动/静态"。根据引导型功能，在手动 4 档模式、发动机转速在 1800r/min 时，加速到节气门全开，增压压力规定值和实际值差值在 200mbar。实地路试数据流如图 11-24 所示，增压压力实际值超出相关技术范围。

根据增压压力过高诊断分析流程，用诊断仪做增压压力限制电磁阀 N75 的动作测试，发现电磁阀可能听到低沉的声音，说明 N75 的线路和控制是正常的。

| 测量值 | 结果 | 规定值 |
|---|---|---|
| 增压压力阀占空比 | 2.0 % | |
| 发动机转速 | 1240 /min | |
| 增压空气压力规定值 | 770 mbar | |
| 增压空气压力当前值 | 1040 mbar | |

图 11-24　增压压力偏高

接着拔下去往增压压力限制阀真空泵的软管，检查压力限制阀是否存在机械卡滞。直接用手动给真空泵加压，看到压力限制阀可以正常打开；当用手动加负压时限压阀可以完全关闭，说明限压阀机械系统不存在卡滞。至此确认是 N75 存在机械卡滞。更换增压压力限制阀 N75 后故障排除。

⚲ **专家提示**

　　增压压力限制电磁阀 N75 是一个两位三通电磁阀，当真空膜盒与增压后空气相通时，随着增压压力的上升打开压力限制阀（排气旁通阀）导致增压压力下降，使增压压力保持在一个合理的范围。当 N75 控制真空膜盒与进气歧管负压相通时，增压压力限制阀处于关闭状态，此时是发动机需要提高增压压力的工况（图 11-25）。

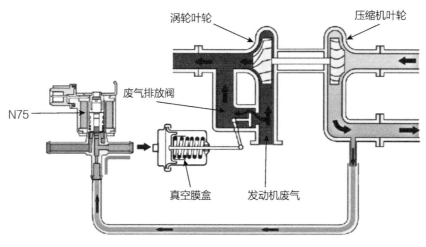

图 11-25　增压压力降低控制

# 2

第二部分 ___

# 底盘部分

# 十二 0B5 变速器故障诊断分析

▶ **故障现象定义**

换档耸车，有时挂档不走车，以及变速器故障灯点亮进入应急模式。

0B5 变速器是一款纵置湿式双离合器变速器，主要装配在 2012 年以前的奥迪 Q5 车型和 2017 款奥迪 A6L 3.0T 四驱车辆上。

▶ **故障诊断分析流程**

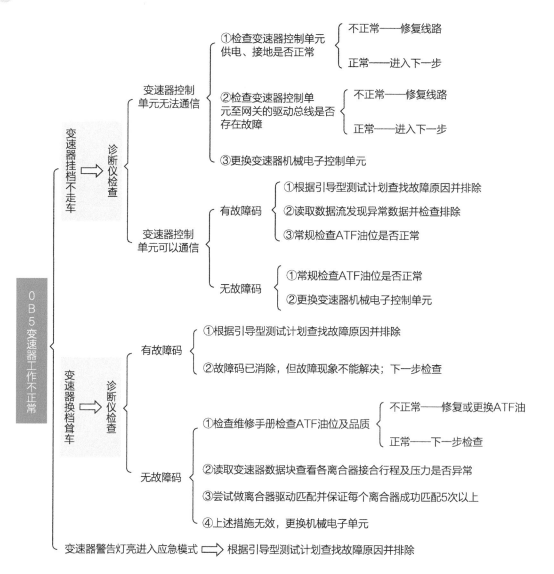

## 案例 1　奥迪 A6L-C7 行驶中变速器警告灯点亮

### 车辆信息

**车型：** C7 2.8L　　　　**VIN：** LFV5A24G2C3******　　　　**发动机型号：** CNYB

**变速器型号：** 0B5　　　　**行驶里程：** 107922km　　　　**故障频率：** 偶发

### 诊断分析

用诊断仪检查 02 变速器控制单元内有故障码"P174D00：子变速箱 2 中的阀 2 电气故障被动 / 偶发""P176D00：档位调节器 4 不可调节被动 / 偶发"和"P17E300：档位调节器 4 机械故障被动 / 偶发"，如图 12-1 所示。

根据厂家技术指导，需更换机电控制单元上的印制线路板和 3 个电磁阀，并更换油底壳密封垫等相关一次件。

地址列：02　系统名：02 - 变速箱电子设备（0B5 S tronic）　协议改版：UDS/ISOTP （Ereignisse：4）

+ 识别：

- 事件存储器条目：

**事件存储器条目**
编号：　　　　　　　　　　　P072600：来自发动机控制单元的转速信号 不可信信号
故障类型 2：　　　　　　　　被动/偶发
症状：　　　　　　　　　　　7980
状态：　　　　　　　　　　　01101000

　　　+ 标准环境条件：
　　　+ 高级环境条件：

**事件存储器条目**
编号：　　　　　　　　　　　P174D00：子变速箱2中的阀2 电气故障
故障类型 2：　　　　　　　　被动/偶发
症状：　　　　　　　　　　　8024
状态：　　　　　　　　　　　01100000

　　　+ 标准环境条件：
　　　+ 高级环境条件：

**事件存储器条目**
编号：　　　　　　　　　　　P176D00：档位调节器4不可调节
故障类型 2：　　　　　　　　被动/偶发
症状：　　　　　　　　　　　8091
状态：　　　　　　　　　　　01100000

　　　+ 标准环境条件：
　　　+ 高级环境条件：

**事件存储器条目**
编号：　　　　　　　　　　　P17E300：档位调节器4 机械故障
故障类型 2：　　　　　　　　被动/偶发
症状：　　　　　　　　　　　9474

图 12-1　变速器控制单元内的故障码

> **专家小贴士**
>
> 该问题在售后比较常见，也有成熟的解决方案。在碰到类似问题时，更换机电控制单元维修套件即可解决问题。

## 案例2　奥迪 Q5 挂档不走车

**车辆信息**

车型：Q5 2.0T　　　　　　VIN：LFV3B28R6B3******　　　　发动机型号：CAD

变速器型号：0B5　　　　　行驶里程：53621km　　　　　　故障频率：一直

**诊断分析**

用诊断仪检查 02 变速器控制单元内有故障码"P071600 变速器输入转速传感器 1 信号不可信 被动 / 偶发"和"P215C00 变速器输入转速传感器信号不可信 被动 / 偶发"。初步分析是输入轴传感器故障，该传感器集成在行驶档位传感器模块内（图 12-2）。

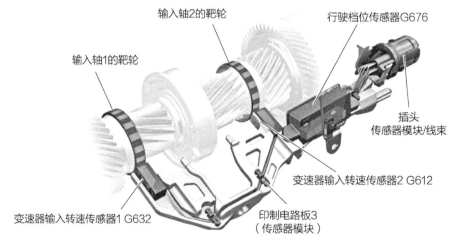

输入轴2的靶轮　　　　行驶档位传感器G676
输入轴1的靶轮
插头
传感器模块/线束
变速器输入转速传感器2 G612
变速器输入转速传感器1 G632
印制电路板3
（传感器模块）

图 12-2　输入轴转速传感器原理图

**排除过程**

举升车辆，挂档加油发现变速器后传动轴可以转动但前传动轴不转，按工作原理，后差速器有动力输入，无论哪侧车轮都会转动。所以分析是差速器内部出现了故障，拆解后差速器发现后差速器壳体与盆齿之间整体沿环形裂开（图 12-3）。更换后差速器总成后故障排除。

图 12-3　损坏的后差速器

　　由于后差速器壳体与盆形齿整体开裂，所以输入轴转速全部空转；在这种情况下后轴肯定是不会有输出的。按理说全时四驱的后驱打滑，前驱应该也能驱动才对，但实际情况是当后部两轮都没有附着力时前驱也不会动作。由于输入轴转速传感器检测到转速过快，与设计转速不符，所以会报"输入轴转速传感器信号不可信"的故障码。

## 案例 3　奥迪 Q5 变速器故障灯亮无法行驶

**车辆信息**

| | | |
|---|---|---|
| 车型：Q5 2.0T | VIN：LFV3B28R3A30***** | 发动机型号：CAD |
| 变速器型号：0B5 | 行驶里程：23564km | 故障频率：一直 |

**诊断分析**

　　用诊断仪检查 02 变速器控制单元内有故障码"P0603：控制单元故障"、"P173C00：档位促动传感器 3 信号不可信"、"P173A00：档位促动传感器 1 信号不可信"和"P173B00：档位促动传感器 2 信号不可信"；其他控制单元有和变速器控制单元无通信的故障。由于变速器控制单元可以正常诊断排除线路问题，分析可能是变速器控制单元内部损坏。变速器控制单元 J743 集成在机电控制单元上，如图 12-4 所示。

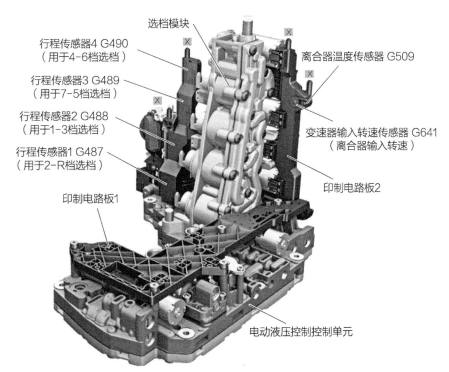

选档模块

行程传感器4 G490
（用于4-6档选档）

离合器温度传感器 G509

行程传感器3 G489
（用于7-5档选档）

行程传感器2 G488
（用于1-3档选档）

变速器输入转速传感器 G641
（离合器输入转速）

行程传感器1 G487
（用于2-R档选档）

印制电路板1

印制电路板2

电动液压控制控制单元

图 12-4　机械电子单元

排除与总结

更换机械电子控制单元总成，并做驱动匹配后故障排除。对于报控制单元损坏的情况，一般只能通过更换该控制单元来解决问题。

### 案例 4　奥迪 Q5 变速器黄灯报警

**车辆信息**

| | | |
|---|---|---|
| 车型：Q5 3.2L | **VIN**：WAUCKD8R5AA****** | 发动机型号：CAL |
| 变速器型号：0B5 | 行驶里程：32685km | 故障频率：一直 |

诊断分析

用诊断仪检查 02 变速器控制单元内有故障码"10618-P275500：齿轮油冷却器阀对正极短路主动 / 静态"。根据故障引导测试计划，对变速器控制单元线路测量，测量 N509 冷却阀时发现该阀插接器有大量水渍（图 12-5）。据此判断是油冷却阀防冻液从内部经插接器针脚漏到插接器内，导致线路短路。

图 12-5　进水的变速器油冷却阀

🔑 专家提示

更换变速器油冷却阀 N509 后故障排除。本故障在 0B5 变速器上比较常见，在碰到类似故障时，应重点检查变速器油冷却阀 N509 插接器内是否有防冻液。

# 十三　0AM 变速器故障诊断分析

故障诊断分析

0AM 型干式双离合器自动变速器大量装在奥迪 A3、A1 和 Q2L 车型上，与 1.4TFSI 发动机是一对完美动力组合。由于该变速器从结构特点上与 0B5 湿式双离合器变速器相当接近，所以它们的故障现象表现和诊断分析思路也基本一致。

### 故障诊断分析流程

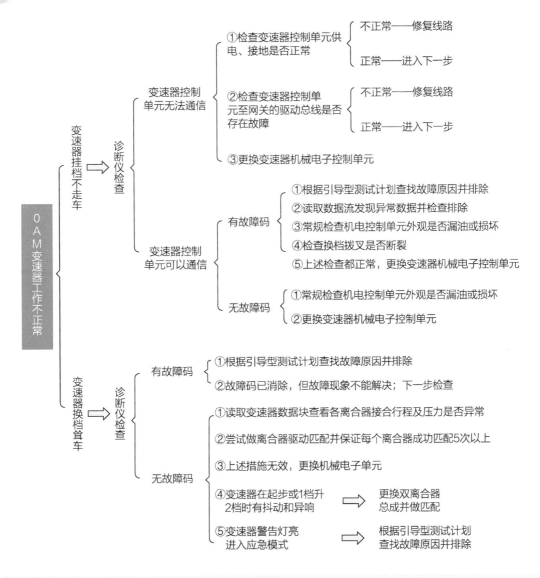

## 案例1　奥迪 A3 仪表显示不在 P/N 位无法起动

### 车辆信息

| | | |
|---|---|---|
| 车型：A3 1.4T | VIN：LFV2B28V8E5＊＊＊＊＊＊ | 发动机型号：CSS |
| 变速器型号：0AM | 行驶里程：82165km | 故障频率：一直 |

### 诊断分析

用诊断仪检查 02 变速器控制单元内有故障码"P085000：起动机停用信号 P/N 对正极短路 / 断路"和"P176F00：离合器 2 不经意闭合　主动 / 静态"。根据故障码初步分析，可能原因是变速器控制单元到发动机控制单元的 P/N 信号冗余线存在对正极短路或断路现象；其次可能是变速器控制单元输出的 P/N 信号错误，导致发动机控制单元不确定当前档位，无法促动起动机转动。

首先查阅了该车相关电路图（图 13-1）。该车变速器的 P/N 信号除了经过驱动总线传递给发动机控制单元 J623，还通过专用的冗余线传给发动机控制单元作为互相验证。

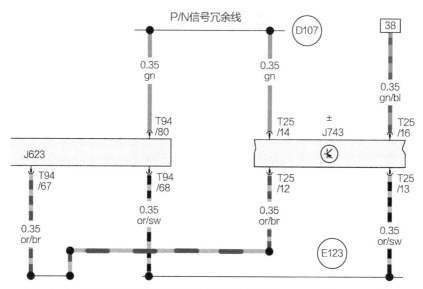

图 13-1　变速器控制单元 J743 到发动机控制单元 J623 的 P/N 冗余线

经检查发动机控制单元到变速器控制单元之间的 P/N 专线没有短路、断路及虚接现象。测量该线在 D 位时电压为 0.07V，而正常车应在 11V 左右；据此判断是变速器控制单元无法输出正确的 P/N 信号。

专家小贴士

更换机电控制单元并做匹配后变速器故障解决。奥迪很多车型都有 P/N 信号冗余线，只有 P/N 信号冗余信息与驱动总线上传递的信息一致时，才能正确显示档位并起动发动机。

## 案例2　奥迪 A3 挂档不走且仪表变速器警告灯闪烁

**车辆信息**

| | | |
|---|---|---|
| 车型：A3 1.4T | VIN：WAUAYC8P5BA****** | 发动机型号：CAXA |
| 变速器型号：0AM | 行驶里程：39420km | 故障频率：一直 |

▶ 诊断分析

用诊断仪检查 02 变速器控制单元内有 "P0841：液压压力传感器 1，变速器不可信信号"、"P189C：功能故障由于压力累积不足" 和 "P17BF：液压泵间隙保护" 等多个故障码

（图13-2）。

**地址: 0002 系统名: 02 - 双离合器变速箱0AM 协议改版: KWP2000/TP20** (Ereignisse: 5)

+ 识别:

- 故障存储器记录:

    故障存储器记录
    编号:                       P0841: 液压压力传感器1, 变速箱 不可信信号
    故障类型 1:             超出上限
    故障类型 2:             间歇性问题

    + 标准环境条件:

    故障存储器记录
    编号:                       P189C: 功能故障 由于压力累积不足
    故障类型 2:             间歇性问题

    + 标准环境条件:

    故障存储器记录
    编号:                       P17BF: 液压泵。间隙保护
    故障类型 2:             间歇性问题

    + 标准环境条件:

    故障存储器记录
    编号:                       P17BF: 液压泵。间隙保护
    故障类型 1:             超出上限
    故障类型 2:             间歇性问题

    + 标准环境条件:

    故障存储器记录
    编号:                       P17BF: 液压泵。间隙保护
    故障类型 1:             低于下极限值
    故障类型 2:             间歇性问题

图 13-2 变速器控制单元中的故障码

图 13-3 蓄能器漏油照片

由于该车液压泵集成在机电控制单元内，决定先检查位于变速器壳体上的机电控制单元总成。经检查发现，机电控制单元上的蓄能器已经由于压力过大爆开一个口子，有大量的 ATF 从这里渗漏（图 13-3）。

🔧 专家提示

    更换机电控制单元总成并做离合器匹配后故障解决。0AM 变速器液压泵可能会因控制不精确导致压力过高，使蓄能器产生漏油，如果发现已经出现漏油的情况，则只能通过更换机电控制单元总成来解决。

## 案例 3 奥迪 A3 变速器 1 档换 2 档耸车

### 车辆信息

| | | |
|---|---|---|
| 车型：A3 1.4T | **VIN**：WAUAYC8P3BA****** | 发动机型号：0AM |
| 行驶里程：65823km | 变速器型号：0AM | 故障频率：经常 |

诊断分析

现场试车发现，在坡度较大的上坡负荷时，1 档升 2 档后出现耸车或抖动现象。仪表中的变速器警告灯不亮，用诊断仪检查没有故障码存储。变速器在正常行驶过程中一切正常，根据上述检查认为，变速器在换档控制方面没有故障。在离合器接合时存在耸车或抖动现象是典型的离合器接合面受力不均匀导致，分析是双离合器总成存在质量问题（图 13-4）。更换双离合器总成并做离合器匹配后故障消除。

图 13-4　干式双离合器总成

🔑 专家提示

0AM 变速器中的干式双离合器在售后可能会出现接合时耸车、负荷大时换档异响和抖动现象。

## 案例 4　一汽大众速腾 1.4T 没有倒档

**车辆信息**

**车型**：速腾 1.4T　　　　**VIN**：LFV2A21KXA3\*\*\*\*\*\*　　　**发动机型号**：CFB

**变速器型号**：DQ200　　　**行驶里程**：58243km　　　　　**故障频率**：一直

 诊断分析

用诊断仪检查 02 变速器控制单元内有故障码 "05964　部分传送 2 的阀 1 电气故障"，根据引导型测试计划，需要更换机电控制单元总成（图 13-5）。由于该车机电控制单元作为一个总成备件供货，所以只能通过更换机电控制单元总成来解决故障。

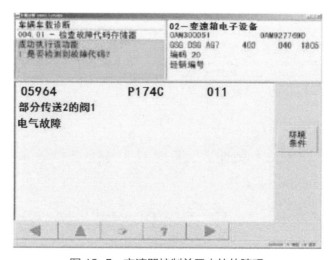

图 13-5　变速器控制单元内的故障码

### 排除与总结

更换机电控制单元并做基本设置，变速器可以顺利挂倒档行车。对于DQ200这款干式双离合器变速器，机电控制单元是主要故障原因之一，涉及液压系统的控制阀故障都是通过更换机电控制单元来解决。

## 十四
# 无级自动变速器（CVT）故障诊断分析

### 故障现象定义

变速器有时挂档不走车，行驶过程中耸车，以及变速器警告灯点亮和变速器异响等多种故障形式。

### 故障诊断分析流程

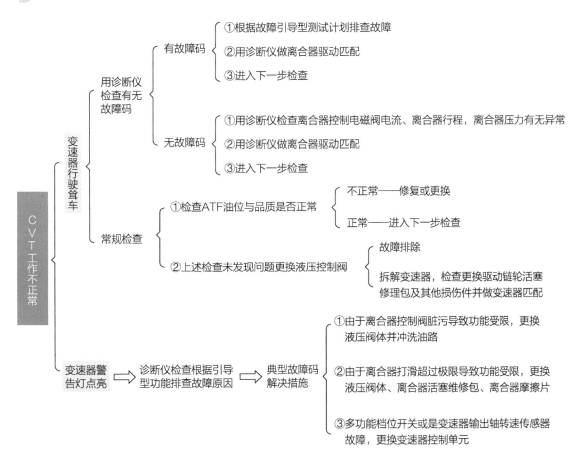

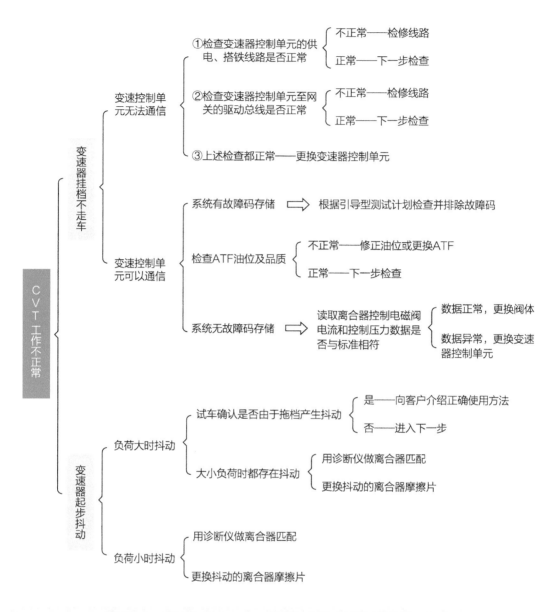

## 案例 1　奥迪 A4L-B8 行驶中变速器故障灯点亮

**车辆信息**

**车型**：A4L 2.0T　　　　　**变速器型号**：0AW　　　　　**行驶里程**：86241km
**发动机型号**：CDZ　　　　**VIN**：LFV3A28K6D3\*\*\*\*\*\*　　**故障频率**：偶发多次

**诊断分析**

　　客户反映在 4S 店因事故更换过后车门、下边臂及轮辋后，在第二天行驶过程中出现变速器故障灯点亮。用诊断仪检查 02 变速器控制单元内有故障码"P070600：行驶档位传感器信号不可信被动 / 偶发"（图 14-1）。

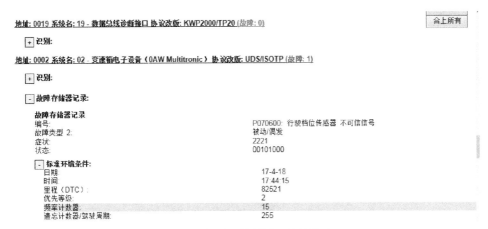

图 14-1　变速器控制单元内的故障码

对于奥迪这款变速器，变速器内所有传感器和控制单元集成为一体（图 14-2）。

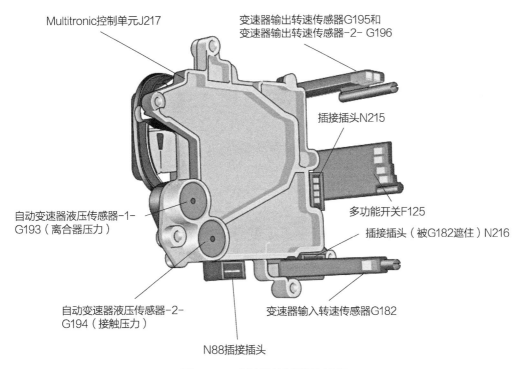

图 14-2　变速器控制单元 J217

从原理上分析，该故障最大可能原因是变速器控制单元，因其行驶档位开关 F125 集成在变速器控制单元上。

**解决措施**

在拆下变速器控制单元准备更换时，为提高一次修复率，检查了挂档轴上的多功能行程开关 F125 的信号磁铁（图 14-3）。

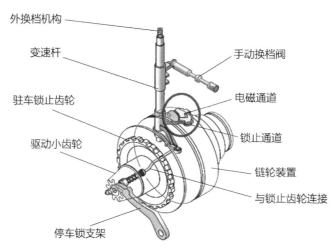

图 14-3　挂档轴上的信号磁铁

检查发现该磁铁有一个明显的裂痕（图 14-4），更换挂档轴总成后故障排除。

图 14-4　档位行程传感器磁铁开裂

> **专家提示**
>
> 　对于 0AW 型变速器，其行程开关的电磁铁开裂在售后维修中是一个常见故障。在维修相关故障时一定要检查该磁铁是否开裂，从而避免小病大修，提高一次修复率。

## 案例 2　奥迪 A6L–C7 变速器警告灯偶尔点亮

**车辆信息**

| | | |
|---|---|---|
| **车型**：C7 2.5L | **VIN**：LFV5A24G5C3****** | **发动机型号**：CLX |
| **变速器型号**：0AW | **行驶里程**：59632km | **故障频率**：偶发 |

**诊断分析**

该车仪表中变速器警告灯点灯，如图 14-5 所示。

用诊断仪检查 02 变速器控制单元内有故障码"P070600：行驶档位传感器　不可信信号　被动 / 偶发"，如图 14-6 所示。

图 14-5　仪表变速器报警

地址列：02  系统名：02 - 变速箱电子设备（0AW Multitronic）  协议改版：UDS/ISOTP （Ereignisse：1）

[+] 识别：

[-] 事件存储器条目：

**事件存储器条目**

编号：                    P070600: 行驶档位传感器 不可信信号

故障类型 2：              被动/偶发

症状：                    2221

状态：                    00101100

图 14-6  变速器控制单元中的故障码

由于该传感器集成在变速器控制单元中，所以判定是变速器控制单元存在故障。

**排除与总结**

更换变速器控制单元，做防起动锁匹配和离合器驱动匹配后故障消除。注意在更换时要检查档位行程传感器上的磁铁是否存在开裂的情况，以免造成返修。

## 案例 3  奥迪 A6L-C6 变速器警告灯点亮

**车辆信息**

车型：C6 2.0T            VIN：LFV3A24F1B3******        发动机型号：BPJ

变速器型号：01J          行驶里程：93865km             故障频率：一直

**诊断分析**

用诊断仪检查 02 变速器控制单元内有故障码"P178F：压力调节阀  污染"（图 14-7）。根据引导型故障测试计划，检查是否需要更换液压控制阀体，并且要用 ATF 对自动变速器油路进行至少两次冲洗。更换液压控制阀体并且匹配离合器，故障顺利消除。

地址列：02  系统名：02 - Multitronic 01J前轮驱动  协议改版：KWP2000/TP20 （Ereignisse：1）

[+] Identifikation:

[-] Ereignisspeichereinträge:

**事件存储器条目**

编号：                    P178F: 压力调节阀 污染

故障类型 1：              tbd

故障类型 2：              静态

　　[-] 标准环境条件：

　　　　日期：            14-8-2

　　　　时间：            22:44:59

　　　　里程数（DTC）：   93478

　　　　优先等级：        0

　　　　频率计数器：      3

　　　　忘记计数器/驾驶周期： -1

图 14-7  变速器控制单元内的故障码

🔧 专家小贴士

　　该故障对于 01J 型变速器比较常见，主要是由于 ATF 品质不良或没有定期更换，导致液压控制阀体出现卡滞现象。

## 案例4　奥迪 A6L-C6 变速器行驶中有异响

**车辆信息**

**车型**：C6 2.0T　　　　　　**VIN**：LFV3A24F3A31******　　　　**发动机型号**：BPJ

**变速器型号**：01J　　　　　**行驶里程**：108235km　　　　　**故障频率**：一直

▶ 诊断分析

　　现场路试发现，车辆在车速超过 30km/h 后变速器处就有"呜呜"的异响。在举升工位听诊，在变速器后壳附近异响明显。拆解变速器发现，输入链轮后端轴颈出现磨损，分析是由于轴颈磨损导致运行过程中产生异响（图 14-8）。更换输入链轮总成并且更换 ATF 滤清器和 ATF 后故障排除。

此处磨损严重

图 14-8　已经磨损的输入链轮轴颈

🔧 专家小贴士

　　该款变速器容易出现输入轴轴颈磨损，在售后维修时也可以给磨损的轴加套后镗削，这样可以有效降低客户维修费用。

## 案例5　奥迪 A6L-C7 行驶中变速器有"嗡嗡"异响

**车辆信息**

**车型**：C7 2.5L　　　　　　**VIN**：LFV5A24G9G3******　　　　**发动机型号**：CLX

**变速器型号**：0AW　　　　　**行驶里程**：86356km　　　　　**故障频率**：一直

▶ 诊断分析

　　现场试车，在行驶过程中变速器内有"嗡嗡"的噪声，在举升工位听诊，在变速器后部有明显的噪声。拆解变速器检查发现，输入链轮后轮轴内壁已严重啃伤（图 14-9），分析认为是轴承内壁损伤导致异响。更换损伤的输入链轮后轴承，装复后试车，故障排除。

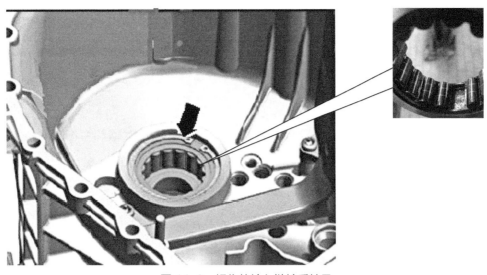

图 14-9　损伤的输入链轮后轴承

 专家提示

　　0AW 变速器的此类轴承在使用过程中容易出故障。在拆检变速器轴承时，一定要将滚柱拆下检查轴承滚道内壁是否啃伤，不拆下滚柱无法发现内壁是否啃伤。

# 十五　转向异响故障诊断分析

## 故障现象定义

　　转向系统异响主要是指转向操作系统间隙不当，导致的在转向过程中或是在不平路面行驶时存在的各种异响。

　　转向系统异响很容易和行驶系统异响混淆，在诊断排查过程中经常有错误诊断造成的返修。下面结合在售后工作中遇到的实际故障，进行逐层分析，给大家一个整体的诊断排查思路。

### 故障诊断分析流程

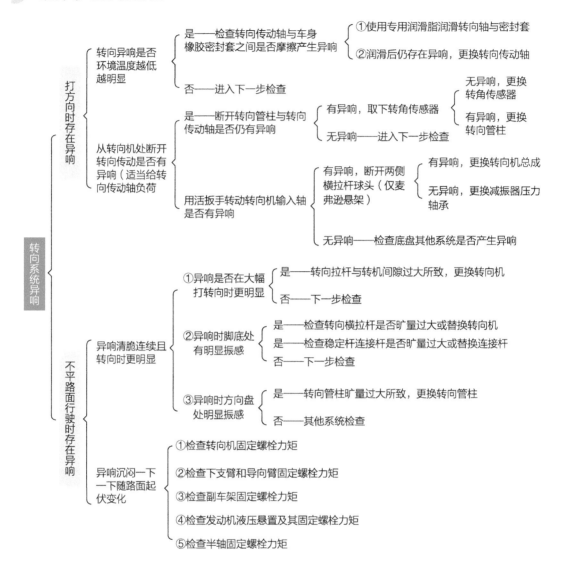

## 案例 1　奥迪 A6L-C7 冷车打方向有"吱吱"异响

**车辆信息**

| | | |
|---|---|---|
| **车型**：C7PA 1.8T | **VIN**：LFV3A24G8G3****** | **发动机型号**：CYY |
| **变速器型号**：0CK | **行驶里程**：34520km | **故障频率**：偶发 |

### 诊断分析

对于冷车打方向异响，重点检查转向传动轴与橡胶密封套之间是否有摩擦异响，在异响出现时打方向，明显听到"吱吱"异响，确是转向传动轴与密封套处摩擦产生。断开转向传动轴与转向器输入轴处的连接，故障仍然存在；从转向管柱上拆下转向传动轴，打方向没有异响。确认是转向传动轴与胶套摩擦产生异响（图15-1），尝试用专用润滑脂润滑传动轴轴颈与胶套之间的接合面，故障短时消除一个星期。由于润滑不能彻底解决故障现象，所以更换带橡胶密封套的转向传动轴，故障得以排除。

图 15-1　产生异响的转向
传动轴与胶套

🔧 **专家小贴士**

该故障在天气较冷时比较常见，但行车 10min 以后故障不再明显，应在冷车刚起步时进行检查判断。

## 案例 2　奥迪 A6L-C7 不平路有"嗒嗒"异响

**车辆信息**

车型：C7 PA1.8T　　　　VIN：LFV3A24G0G3******　　　发动机型号：CYY
变速器型号：0CK　　　　行驶里程：86957km　　　　故障频率：偶发

▶ **诊断分析**

该车在硬的碎石路面行驶时有"嗒嗒"异响，根据经验判断，故障原因主要是稳定杆连接杆或是转向横拉杆旷动。首先检查并紧固了底盘及悬架上的相关螺栓，没有发现有松动现象；尝试替换稳定杆连接杆，路试没有改善。由于异响是偶发，在行车过程也没有发现与转向有明显的关系，在举升工位检查，转向横拉杆上下没有旷量。进一步检查，在前后方向晃动时左侧转向拉杆能感觉到有旷量，但右侧拉杆没有旷量。据此判定是转向内拉杆与转向器之间的配合间隙过大导致故障产生。更换转向器后故障解决。

🔧 **专家提示**

转向横拉杆一般是上下旷动比较常见，本例中上下没有明显旷量而是前后有旷量，给诊断排查带来一定难度。遇到类似问题，在检查时一定要上下、前后反复多试几次，同时可以对比其他车辆状态来确定故障原因。

## 案例 3　奥迪 Q5L 打方向有异响

**车辆信息**

车型：Q5L 2.0T　　　　　VIN：LFV3A28WXG3******　　　发动机型号：CWP
变速器型号：0CK　　　　行驶里程：39662km　　　　故障频率：一直

◢ 诊断分析

原地打方向时有类似齿轮啮合的"嚓嚓"声，初步感觉声音就在方向盘上部。断开转向传动轴与转向器输入轴的连接，故障没有消除；将转角传感器取出后，再次打方向盘，异响消失。经上述检查确认是转角传感器发出的异响（图15-2），更换转解传感器并做匹配后故障消除。

图 15-2 损坏的转角传感器

🔧 专家小贴士

转角传感器本身在转动过程中有一定噪声，如不能确认是正常还是故障，可以和其他同类车型进行对比。此类故障在售后较为少见，诊断时按正常流程即可排除。需要注意的是，拆下转向传感器时一定要断开蓄电池负极超过3min后再操作，否则可能对转角传感器造成不可逆的损伤。

# 十六　ABS/ESP 故障诊断分析

◢ 故障现象定义

这类故障主要表现为相关的警告灯亮起，同时相关功能失效。

🔧 专家小贴士

轮胎压力监控系统（TPMS）和防侧滑系统（ESP）都是基于 ABS 进行工作的，当 ABS 出现故障时，以上两个系统相应也无法工作。我们在检查 TPMS/ABS/ESP 故障时首先要排除 ABS 故障，然后根据每一个系统的工作原理再进行有针对性的检查。有时胎压监控和 ESP 也会单独出现故障，下面我们就以这几个故障为切入点分析 ABS 可能出的故障及相关原因。ABS 最大的特点是当系统警告灯点亮时一定会有故障码，然后我们可以根据故障引导测试计划进行检查。只有一种情况例外，在正常减速停车过程中制动力并不是很大，此时路面也不存在打滑，但 ABS 过早地介入让驾乘舒适性下降。在这种情况下 ABS 系统是没有故障码的，我们需要通过数据流或示波器来实时捕捉 4 个车轮的轮速，从而确定故障原因。

## 故障诊断分析流程

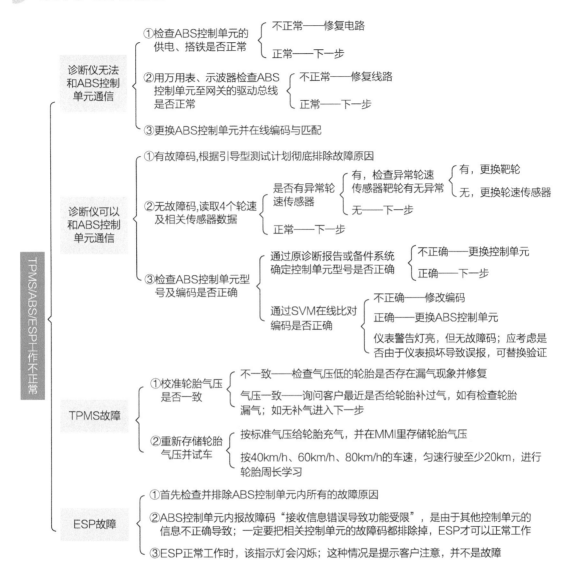

## 案例 1 A6L-C6 仪表 ESP 警告灯常亮

### 车辆信息

**车型：** C6 2.4　　　　　　　**发动机型号：** BDW　　　　　　**变速器：** 01J

**行驶里程：** 3758km　　　　　**底盘号：** LFV4A24FXC3******

## 诊断分析

用诊断仪检查在 03 ABS 控制单元里有故障码"00493 ESP 传感器单元无信号 / 通信"，该故障码为静态无法清除。

由于该车行驶里程很短，初步分析可能原因有：①ESP传感器单元插接器虚接；②传感器控制单元到ESP控制单元J104线路存在断路或是虚接现象；③ESP传感器单元内部故障；④ESP控制单元故障。根据维修经验，该车控制单元很少出现故障，重点应先检查传感器至控制单元J104的相关线路。查阅相关电路图，轮速传感器至ABS控制单元的线路如图16-1所示。

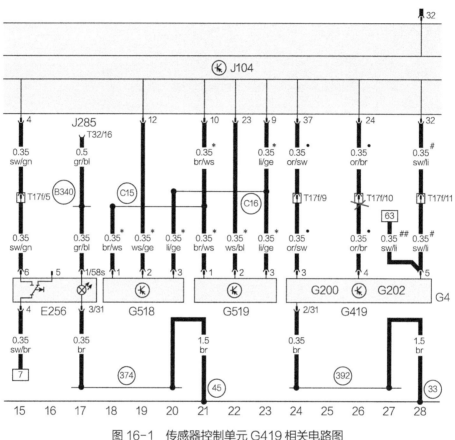

图16-1　传感器控制单元G419相关电路图

### 故障解决

首先拆下中控台的加长件，取下传感器单元G419的插接器。经详细检查，发现该插接器不存在虚接现象，然后取下ESP控制单元J104的插接器，测量其至G419的相关线路。经检查发现J104的24#针脚至G419的4#针脚存在断路现象，查阅电路图发现该线（or/br——橘黄色/棕色）是J104至G419的CAN数据线，中间还经过T17f/10插接器。该插接器是17芯绿色插头连接，位于左侧A柱接线板。找到该接插器后发现该线已经从插接器中脱出，修复该插接器后故障排除。

### 专家提示

奥迪车线路和插接器出现故障的概率较小，该车应该是在线束生产时没有压装到位，导致线从端子中脱出。本案再一次说明，无论是低端车还是高端车，排除故障都要按正常的逻辑分析，由简入繁进行检查，故障就会水落石出。

## 案例 2　奥迪 A4L-B9 TPMS/ABS/ESP 多个故障灯点亮

### 车辆信息

车型：B9 2.0T　　　　VIN：LFV3A28WXJ374******　　　发动机型号：CWN

变速器型号：0CK　　　行驶里程：15063km　　　　　故障频率：一直

### 诊断分析

用诊断仪检查 03ABS 控制单元内有故障码
"C050100：左前轮转速传感器信号不可信"，如图
16-2 所示。根据引导型故障测试计划的提示，检查左
前轮轮速传感器靶轮及插接器和线路，看看是否可以
发现故障。分析可能原因是靶轮有铁屑、左前轮速传
感器到 ABS 控制单元线路有虚接现象以及轮速传感器
自身故障。

图 16-2　ABS 控制单元内的故障码

### 排除过程

查阅电路图得知左前轮速传感器 G47 去往 ABS 控制单元有 T46/24 和 T46/7 两个针脚（图
16-3），用万用表测量发现 G47 去往 ABS 控制单元的线路电阻为无穷大，也就是断路。

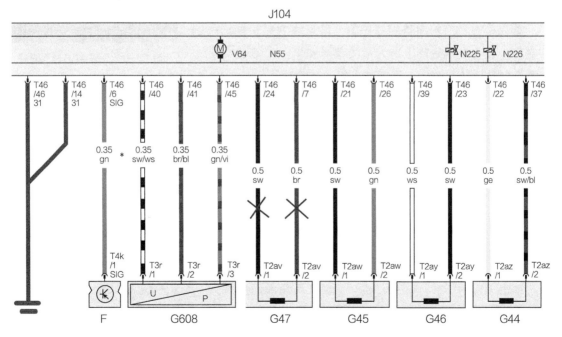

图 16-3　G47 至 ABS 控制单元的相关电路图

进一步检查发现是发动机舱内左前轮速传感器的线束被老鼠咬断，导致故障发生。修复
线束后故障排除。

🔑 **专家小贴士**

类似小动物把线路咬坏的故障在冬季停车后或是长时间停放可能会出现，但我们在诊断时要按正常诊断思路检查，也可以迅速找到故障。

## 案例 3　奥迪 Q3 TPMS/ABS 灯亮

### 车辆信息

车型：Q3 1.4T　　　　　VIN：LFV2B28U8J33\*\*\*\*\*\*　　　发动机型号：CSSA

变速器型号：0BH　　　　行驶里程：65983km　　　　故障频率：一直

▷ **诊断分析**

用诊断仪检查 03ABS 控制单元内有故障码"C101d29：右后轮转速传感器不可信信号"和"C114602：轮胎压力监控显示器信号故障"。根据引导型测试计划提示，需检查右后轮靶轮是否有铁屑、传感器到控制单元插接器线路有无虚接或进水现象，以及传感器自身故障。

轴承磁环上有大量的杂物和铁屑

▷ **排除过程**

首先检查右后轮速传感器靶轮，即装在右后轮轴承内侧的磁环。检查发现磁环上有大量的铁屑和尘土（图 16-4），经清洗磁环后装复轴承，反复试车确认故障排除。

图 16-4　有铁屑的轴承磁环

🔑 **专家提示**

由于靶轮是一个磁环，所以在行驶过程中会吸附细小的铁屑。当铁屑达到一定程度时就会影响传感器信号，在检查类似问题时一定要注意检查轴承磁环上是否有脏物。

## 案例 4　奥迪 Q3 仪表 ABS/ESP 多个故障灯点亮

### 车辆信息

车型：Q3 2.0T　　　　　VIN：LFV3B28U2H3\*\*\*\*\*\*　　　发动机型号：DBRA

变速器型号：0BH　　　　行驶里程：15270km　　　　故障频率：一直

▷ **诊断分析**

首先用诊断仪检查 03ABS 控制单元内有故障码"B200FF0：控制单元内部故障"，此类问题是控制单元自身故障导致需要更换控制单元总成（图16-5、图16-6）。需要注意的是，如果暂时没有控制单元备件，则不要删除故障码或是就车退出诊断系统，否则会出现挂档不走车的现象；直至更换新的控制单元并进行编码和匹配后故障才能消除。更换ABS泵总成并进行编码匹配，故障现象消除。

图 16-5　仪表故障灯显示

地址: 0003 系统名: 03 - 制动电控系统TRW460i 协议改版: UDS/ISOTP (故障: 2)

⊞ 识别:

⊟ 故障存储器记录:

**故障存储器记录**
编号:　　　　　　　　　　　　　　　　　　　　　　B200FF0: 内部故障
故障类型 2:　　　　　　　　　　　　　　　　　　　主动/静态
症状:　　　　　　　　　　　　　　　　　　　　　　828
状态:　　　　　　　　　　　　　　　　　　　　　　10001001

　⊞ 标准环境条件:
　⊞ 高级环境条件:

**故障存储器记录**
编号:　　　　　　　　　　　　　　　　　　　　　　B200FF0: 内部故障
故障类型 2:　　　　　　　　　　　　　　　　　　　被动/偶发
症状:　　　　　　　　　　　　　　　　　　　　　　829
状态:　　　　　　　　　　　　　　　　　　　　　　00001000

图 16-6　ABS 控制单元内报的故障码

🔧 **专家提示**

　　类似故障在 MQB 平台的 A3 和 Q3 车型上较为多见，在碰到类似故障时一定不要急于删除故障码；否则会出现车辆是开进来的，但不换件却开不走的局面。

## 案例 5　斯柯达野帝行驶中 ABS/ESP 故障灯点亮

**车辆信息**

| 车型: 野帝 1.8T | VIN: LSVXJ25L8F2****** | 发动机型号: CSS |
| 变速器型号: DQ200 | 行驶里程: 25464km | 故障频率: 偶发 |

▶ **诊断分析**

　　用诊断仪检查 ABS 控制单元内有故障码"右前速度传感器 –G45 不可靠信号　主动 / 静态"。引起这个故障码的可能原因有：①右前轮速传感器工作不良；②右前轮速传感器到 ABS 控制单元的线路可能存在虚接；③右前轮速传感器磁环有铁屑或损坏；④ ABS 控制单元损坏。

▶ **排除过程**

查阅右前轮速传感器相关电路图（图16-7），检查轮速传感器 G45 电阻，正常应为 800～1100Ω；检查传感器到控制单元之间线束无短路、断路等现象。

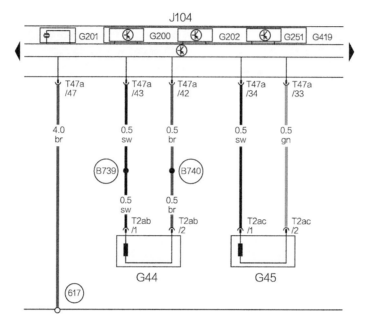

图 16-7　右前轮速传感器电路

拆下检查右前轮轴承发现轴承上面的感应磁体有部分脱落，问题是由于该磁体脱落造成右前轮速信号失真引起的（图16-8）。

图 16-8　右前轮磁环有明显的掉磁现象

🔑 **专家提示**

大众汽车轮速传感器的触发装置大部分集成在轴承的磁环上，该磁环容易吸附铁屑或是其他脏污导致信号感应失真。在检查 ABS 轮速传感器故障时，一定要检查相关磁环是否存在故障。

# 十七 空气悬架系统故障诊断分析

▶ **故障现象定义**

空气悬架的黄色警告灯点亮，此时空气悬架无法进行调节；另外一种常见故障是空气悬架因漏气降到最低，有时在发动机起动后可以充气到正常状态，但有时也会出现空气悬架系统不能工作，直至故障排除。

## 故障诊断分析流程

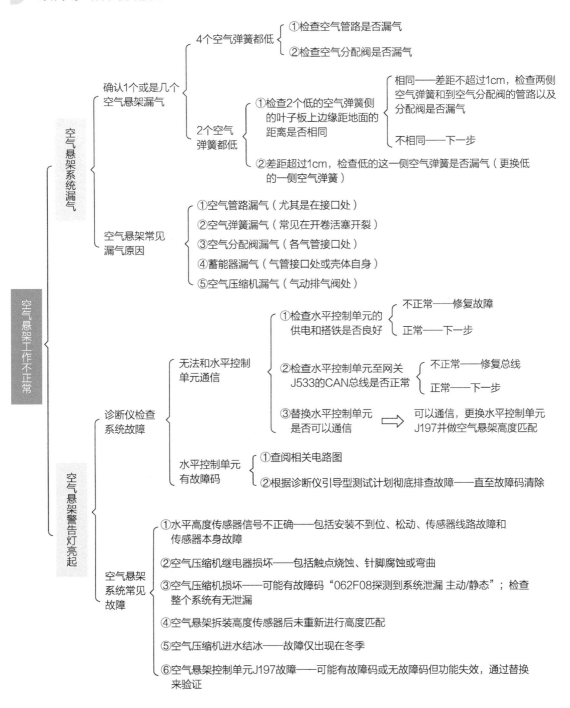

🔑 **专家小贴士**

空气悬架漏气有以下特点：

1）在温度较低时停放时间较长，容易产生漏气的一般是空气弹簧因自身受热胀冷缩导致密封不良漏气。

2）如果是空气悬架管路漏气，一般车身是两前或两后降到相同高度；如两侧都降到低位，但一侧相对更低一些，则表明该侧空气弹簧漏气。因为每个空气弹簧上都有一个机械式剩余压力保持阀，可以保证空气悬架内至少有 3.5bar 的压力（部分车型是 3bar）；在这种情况下空气悬架是不会完全降到最低的。

3）对于分配阀漏气，可以通过使用肥皂水来检查；或果漏气轻微可以采用备件替换法来排除（分配阀在空气悬架系统里成本较低）。对于空气弹簧漏气，也可以使用压缩空气向浸在水中的空气弹簧总成进行打压测试，一般车间压缩空气的压力不超过 8bar，不会对空气弹簧本身造成损伤。

## 案例 1　奥迪 A8L-D5 空气悬架报警且无法升降

**车辆信息**

| | | |
|---|---|---|
| 车型：D5 3.0T | 发动机型号：CZS | 变速器型号：0D5 |
| 行驶里程：9837km | VIN：WAURGEF86JN****** | 故障频率：一直 |

▶ **故障现象**

客户反映行驶中空气悬架警告灯点亮，如图 17-1 所示。

图 17-1　仪表显示屏空气悬架报警

▶ **诊断分析**

现场检查发现空气悬架无法升降，用诊断仪检查在 74 底盘控制单元内有图 17-2 所示故障码。

根据引导型故障测试计划提示，需要检查空气分配阀 NX7 和排放阀 N111，通过执行元件诊断发现无法动作，系统提示更换供气机构。由于从诊断仪无法得到精确指导，决定根据电路图先做常规检查（图 17-3、图 17-4），检查底盘控制单元 J775 到水平高度调节阀体

NX7 和排放阀 N111 的电气线路是否存在断路现象。

图 17-2 底盘控制单元内的故障码

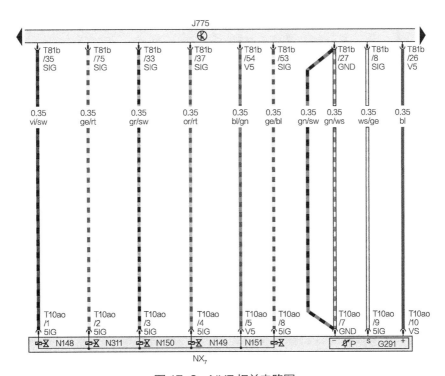

图 17-3 NX7 相关电路图

▶ 排除过程

经检查发现 NX7 上的电磁阀在不动作时只有 2V 电压,但其到底盘控制单元 J775 的线路不存在断路和虚接。经对比其他正常车辆,NX7 处电压也是 2V。检查 N111 到 J775 的线路通断，发现 N111 水平高度调节排放阀的 T3cu/1 到 J775 处 T81B/79 线路两端阻值无穷大，这说明线路有断路。进一步检查发现，该线束外部绝缘层正常，但内部铜线已断裂。更换针脚后，系统恢复正常。

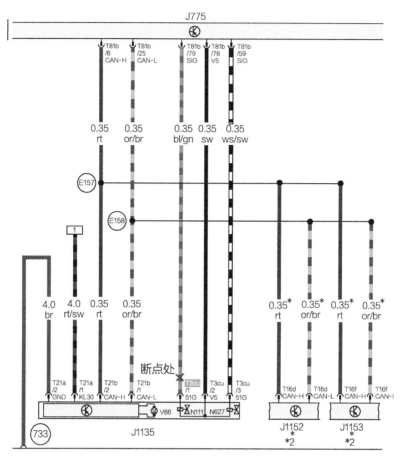

图 17-4　N111 相关电路图

💡 专家提示

　　该车故障码指示方向是空气分配阀 NX7 供电断路或是机械卡滞，但实际故障点只有一个，就是排放阀 N111 的控制线存在断路现象。系统虽然报故障码"C103B13 水平高度控制系统电磁阀 断路"，但执行元件诊断无法进行时直接提示更换供气机构（排气阀集成在供气机构上）。由于排气阀 N111 断路，所以此时空气悬架无法降低高度；系统认为是水平高度控制阀机械故障，所以点亮空气悬架警告灯进入应急模式。但为什么系统还会报故障码"P089200：电磁阀供电 断路"且指向的是空气分配阀 NX7？查询 OBD 对相关故障码的解释为"变速器电源模块感测到电路间歇性故障"，所以分析此故障码是由于诊断程序存在失误而产生的。对于类似问题，测量 NX7 处有 2V 电压，应重点检查 N111 插接器处是否存在虚接或断路。

## 案例 2　奥迪 A6L-C6 车辆经常停放一晚后前空气悬架降到低位

### 车辆信息

车型：C6 4.2L　　　　　发动机型号：BAT　　　　　变速器型号：09D

行驶里程：137127km　　VIN：LFV9A24F383******　故障频率：经常

### 诊断分析

　　客户反映车辆经常停放一晚后前空气悬架就落到最低了，但只要一起动发动机马上空气悬架就可以升到正常工作位置。用 VAS6150B 检查相关系统无故障存储记录，在这种情况下决定留车观察。但留车一晚后第二天空气悬架并没有落下，而客户不能长时间留车观察。在初步检查空气管路的接口没有漏气的情况下，分析可能原因是分配阀或空气弹簧存在漏气。尝试更换分配阀，客户行驶三天后反映空气悬架又降到最低了。在和客户协商后决定留车在服务站检查，经和客户了解得知车辆一般放在室外，而上次在服务站是放在车间里，在温度上有一些差别。将车辆停在室外，到第二天一看果然前空气悬架降到最低。起动发动机后空气悬架很快升到正常高度，查询相关系统仍无故障码存储。由于更换分配阀未能解决问题，说明故障原因可能是空气管路或是空气弹簧本身；由于之前已检查过空气管路，所以重点检查空气悬架。将前空气悬架置于水槽中，用车间压缩空气打压，结果没有发现有明显的漏点（车间压缩空气压力大约是 7bar）。

　　将空气悬架再次装复，此时车间里很安静，在左前和右前空气悬架处检查时，听到"兹兹"的漏气声。经确认是右前空气悬架处发出的漏气声，但空气悬架装在车上没有合适的检查方法。在空气悬架降到低位后，反复检查空气悬架时发现左前空气悬架要略高 2～3cm，从侧面可以完全看到轮胎；而右前悬架则下降较多，轮胎已被右前翼子板挡住，并不能全部看见。这一个细节证明确实是右前空气弹簧本身漏气。定购一个新的右前空气悬架总成（空气弹簧和减振器），更换后客户使用一个月故障没有再次出现，至此故障排除。

### 总　结

　　由于右前空气弹簧漏气，导致前空气悬架停放一晚后降到低位，由于空气弹簧开卷活塞是橡胶的，所以在天气较冷时故障更容易出现。每个空气弹簧都有一个剩余压力保持阀，使空气弹簧内最低有 3.5bar 的压力（有的车型是 3bar），如果不是空气弹簧本身漏气则不会降到最低位。由于此时两侧高度相差不是很大，需要认真去比对才能发现差别。

## 案例3 A8L-D4车辆前部空气悬架无法升起

**车辆信息**

车型：A8L 6.0L　　　　发动机型号：CEJ　　　　变速器型号：0BK

行驶里程：25292km　　VIN：WAUMR44EX6N0******　　故障频率：一直

**诊断分析**

用诊断仪检查在自适应空气悬架控制单元34里有故障码"403200 C10C800 功能关闭启用"，前部空气弹簧减振器不能升起，后部正常。检查空气压缩机可以正常工作，判断为前部空气悬架系统漏气，当压缩机工作时能听到漏气声。拆下左、右前部空气弹簧减振器，用压缩空气为空气弹簧打气检漏，发现左前空气弹簧漏气（图17-5）。分析故障原因是左前空气弹簧漏气。

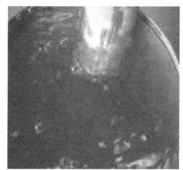

图17-5 用压缩空气打压及空气弹簧漏气照片

**排除与总结**

更换左前空气悬架总成，消除系统故障码，空气悬架可以正常升降，反复验证确认故障排除。本案例中，由于空气悬架漏气严重，导致空气压缩机由于过热而关闭。

## 案例4 奥迪A6L-C6空气悬架黄灯报警

**车辆信息**

车型：A6L 3.2L　　　　发动机型号：BBJ　　　　变速器型号：09L

故障里程：109699km　　VIN：LFV9A24F673******　　故障频次：一直

**诊断分析**

根据客户描述，该车速度上了100km/h时，空气悬架黄灯报警，关闭发动机再着车，黄灯熄灭。因为这个车在其他服务站修过，据客户反映当时右前方受到碰撞，在其他服务站更换了分配阀和控制器。但是维修后黄灯多次报警，最后建议他更换继电器。用 VAS5052 检查高度水平调节控制单元里有故障码"高度传感器机械故障"。导致这个故障码的可能原因有：①某一个水平高度传感器失效；②水平高度传感器调节不当；③控制单元内部判断错误。

先检查传感器有无明显损坏，再根据导航，检查传感器连接杆和支架有无变形，没有发现明显变形和损坏。最后读了数据块，四个高度传感器中两个后面的相差不到 2mm，而前方两个相差 14mm，说明右前高度传感器输入到电脑的值误差太大，按要求最大不能超 15mm。分析有可能是速度快的时候，车身往下降过程中，出现较大误差。尝试把右前传感器支架调整到左右高度一样的位置，读取数据块左右相差不到 2mm，试车故障消失。

### 专家提示

右前水平高度传感器因事故拆装后安装位置不合理导致本故障产生，在修复事故车时一定要充分试车，尽量发现一些潜在故障。对于事故车或由于维修后导致的新故障，应重点检查之前维修拆装过的零部件。

## 案例 5　A6L-C6 空气悬架无法调节

### 车辆信息

| | | |
|---|---|---|
| 车型：A6L 4.2L | 发动机型号：BVJ | 变速器型号：09L |
| 行驶日程：112735km | VIN：LFV9A24F673****** | 故障频率：一直 |

### 诊断分析

用诊断仪检查在自适应悬架装置地址 34 里有故障码"01770 007 压缩机温度传感器，自水平悬架 -G290 对地短路"。查阅电路图（图 17-6），检查发现熔丝烧断。更换熔丝后压缩机仍不工作，检查线路良好，直接给压缩机供电测试，压缩机依旧不动作，判断为压缩机损坏。

由于 G290 集成在空气压缩机内部无法单独更换，只能更换空气压缩机总成。更换空气压缩机和空气压缩机继电器后，空气悬架可以正常升降。留车观察 3 天，确认空气悬架系统不漏气后将车辆交付客户，确认故障排除。

### 专家小贴士

由于空气压缩机损坏导致空气悬架不能调节时，要检查空气悬架内部是否进水和漏气；同时，在更换压缩机时要将继电器一起更换，否则可能会由于继电器粘连再次损坏压缩机。

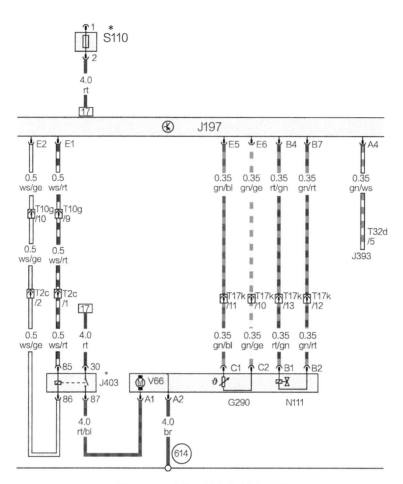

图 17-6　空气压缩机相关电路图

## 案例 6　奥迪 A8L-D4 行驶过程中仪表空气悬架报警

**车辆信息**

车型：A8L 3.0T　　　　　　发动机型号：CGWD　　　　　变速器型号：0BK

行驶里程：18639km　　　　底盘号：WAURGB4H2CN******　故障频率：偶发

### 诊断分析

用诊断仪检查在 34 自适应型悬架装置里有故障码"C104500 系统泄漏检测偶发"，该故障码设置一般是由于系统压力偏低所导致。常见的原因是整个空气悬架系统存在泄漏，导致系统气压低。

经和客户沟通，得知该车只有在行驶过程中空气悬架黄色警告灯点亮（图 17-7），并无空气悬架不能调节或是停放一段时间后空气悬架高度降低的故障现象。根据现有的信息，决定先检查空气悬架系统是否存在泄漏。由于是偶发故障，消除故障码后当时无法重现，决定留车观察。车辆在服务站停放两天后,检查空气悬架并没有降低,说明空气悬架系统基本不存在泄漏。用诊断仪读取故障车数据块,如图 17-8 所示。

图 17-7 空气悬架报警

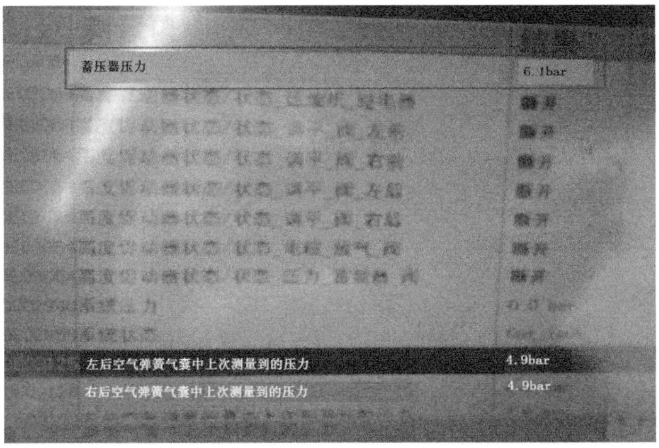

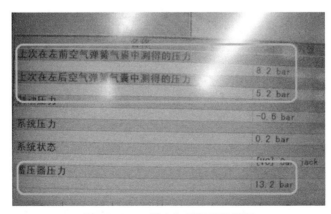

图 17-8 故障车空气悬架系统数据

通过比对发现,故障车蓄压器的压力只有 6.1bar,而正常车蓄压器压力有 13.2bar(图17-9)。故障车的各个空气弹簧压力在 3.8 ～ 6.6bar 之间,也就是说,如果在行驶过程中或停止状态下控制单元想用蓄压器压力对空气悬架高度进行调节,根本无法做到。因为蓄压器压力还没有空气弹簧内的压力高,所以系统会认为存在泄漏。

图 17-9 正常空气悬架系统数据

尝试和正常车对调空气压缩机，经长时间试车，确认故障排除；读取数据流蓄压器压力可以达到 13bar。更换空气压缩机总成，故障排除。

🔧 专家小贴士

　　空气悬架系统在车辆停止状态下和低速行驶状态下，为提高驾驶舒适度会使用蓄压器调节空气弹簧高度。此车由于空气压缩机工作不良，在压缩机工作时无法及时给蓄压器提供足够的压力，所以当系统使用蓄压器调节空气悬架系统时，会出现压力不足、无法调节，系统据此判定存在泄漏。此故障属于压缩机早期损坏，所以在压缩机工作时仍可对空气悬架进行有效调节，在这种情况下客户并没有感到功能失效。在排除类似故障时应先了解其工作原理，并且根据数据流进行分析判断。

# 3

第三部分 ___

# 车身电气部分

# 十八　空调不制冷故障诊断分析

▷ **故障现象定义**

　　故障现象表现为按下空调控制面板上的"AC"键且温度选择在"LO"时，出风口吹出的不是冷风或是冷风温度达不到标准温度。

▷ **故障诊断分析流程**

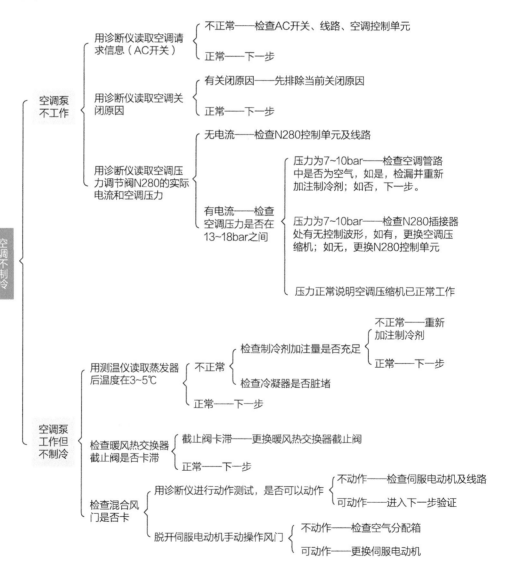

## 案例 1　奥迪 A6L-C6 空调不制冷

### 车辆信息

车型：C6 2.4L　　　　　发动机型号：BDW　　　　变速器型号：01J
行驶里程：311058km　　VIN：LFV4A24F683******　故障频率：一直

### 故障现象

客户反映开空调时不出冷风，感觉没有空调。

### 诊断分析

用诊断仪进行检测，首先读取空调控制单元内无任何故障码。测试制冷系统平衡压力为5bar；读取空调压缩机调节电磁阀 N280 的调节电流为 0；检查空调压缩机调节电磁阀 N280 线路未发现虚接和断路，分析压缩机不工作是由于系统条件不满足导致。读取压缩机关闭条件数值显示为 "8 不可靠的外界温度"，接着读取测量数据块第 18 组第 3 区环境温度为 −28℃。外界温度传感器位于冷凝器前部（图 18-1），当前环境温度大约在 30℃左右，说明外界温度传感器已损坏失效。

图 18-1　位于冷凝器前方的外界温度传感器

> 🔑 专家提示
>
> 外界温度传感器失效后并不一定产生故障码，此时进行相关数据流分析是快速找到故障原因的最佳方法。

## 案例 2　A8L-D4 空调经常不制冷

### 车辆信息

车型：D4 3.0T　　　　　发动机型号：CMD　　　　变速器型号：0BK
行驶里程：87910km　　　VIN：WAURGB4H7BN0******　故障频率：偶发多次

### 故障现象

客户反映车辆在高温环境停车，重新起动发动机后空调时有时无。

▶ **诊断分析**

用诊断仪检查相关系统无故障记录，经和客户沟通得知，车辆在环境温度较高的情况下停车时间较长，故障就容易出现。先将车辆停在35℃的室外太阳下暴晒两个多小时。然后起动发动机并开启空调，发现出风口出来的是热风，此时空调数据流如图18-2所示，正常空调工作数据流如18-3所示。

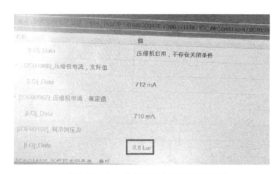

图18-2 空调压力不正常数据

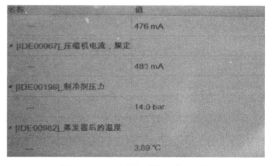

图18-3 空调正常工作压力

从数据流可以看出空调系统已经在正常工作，但空调系统压力并没有发生变化，说明空调泵处于未工作状态。而空调泵的负荷由空调压力调节阀N280控制，初步认为是N280存在卡滞。为精确判断是空调压力调节阀卡滞还是控制单元内部损坏，决定在空调压力调节阀插接器处测量实时波形。经检测发现在空调不制冷的情况下，N280的控制波形也是正常的（图18-4、图18-5），所以确定是空调压力调节阀存在卡滞。

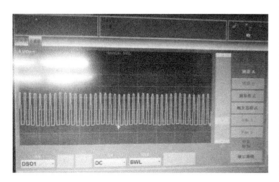

图18-4 空调压力调节阀正常工作波形

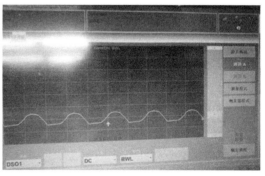

图18-5 空调压力调节阀不工作时的波形

💭 **总 结**

由于D4不提供单独的空调压力调节阀N280，更换全新的空调压缩机，故障解决。对于偶发故障，应重点根据故障出现时的数据流来分析故障原因，再经过逻辑推理判断具体原因。

## 案例 3　奥迪 A8L-D4 空调不制冷

**车辆信息**

车型：D4 3.0T　　　　发动机型号：CGW　　　　变速器型号：0BK
行驶里程：194850km　　VIN：WAURGB4H5DN******　故障频率：一直

### 诊断分析

客户反映空调不制冷，现场检查发现把车内温度调到最低，出风口仍然是自然风。诊断仪在 08 控制单元里读取空调系统当前切断条件为不存在，空调压缩机调节阀 N280 额定电流为 666mA，但实际电流为 0mA（图 18-6）。也就是说空调控制单元已收到空调泵工作请求信号，控制单元也执行了驱动 N280 工作的电流，但实际上 N280 没有工作，可能原因是 N280 失效、J519 至 N280 线路故障或 J519 自身故障。

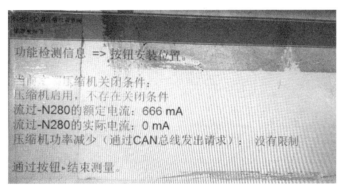

图 18-6　当前空调压缩机关闭条件

### 排除过程

对于该问题可直接用示波器在空调泵 N280 处检查 J519 的控制信号，即可判断是 J519 故障还是 N280 故障。但考虑到如果线路存在断路或虚接，也会出现空调泵调节阀 N280 无控制信息出现，决定检查相关线路。N280 相关电路图如图 18-7 所示，检查过程中发现位于左前排水槽的 T14b 插接器存在进水氧化腐蚀，经清洗处理该插接器后故障排除。

---

🔧 **专家小贴士**

对于空调系统故障，在检修时首先要读取当前空调切断条件是什么。如果有切断条件，应首先修复切断条件；如果没有切断条件，那么故障应该在控制单元（可能是 J255 或是 J519）至空调压力调节阀 N280 之间。在常规检查线路不存在虚接、断路、短路的情况下，通过示波器可以准确地判断故障原因。

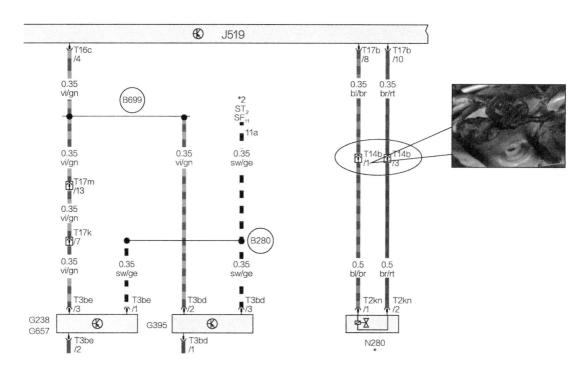

图 18-7　空调调节阀 N280 相关电路图

## 案例 4　奥迪 Q5L 空调不制冷

**车辆信息**

| | | |
|---|---|---|
| 车型：Q5L 2.0T | 发动机型号：CWP | 变速器型号：0CK |
| 行驶里程：8956km | VIN：LFV3B2FY1J3\*\*\*\*\*\* | 故障频率：一直 |

### 故障现象

客户反映最近打开汽车的空调后，感觉制冷效果越来越差。

### 诊断分析

用诊断仪检查空调系统里没有故障码存储。读取空调请求信息、空调关闭原因、空调压力调节阀和空调压力数据，如图 18-8 所示。

从检查数据上分析，空调控制单元已接收到空调请求信息，并且也控制空调压力调节阀 N280 按最大制冷量工作，但此时空调压力却没有上升，基本是平衡压力。这种情况应首先检查空调系统内是 R134a 制冷剂还是空气，如果是制冷剂则最大可能原因是空调压缩机损坏。经检查发现空调系统内只有少量空气没有制冷剂，重新给空调系统抽真空并加注荧光剂、补充冷冻油和制冷剂后空调制冷达到正常工作温度。

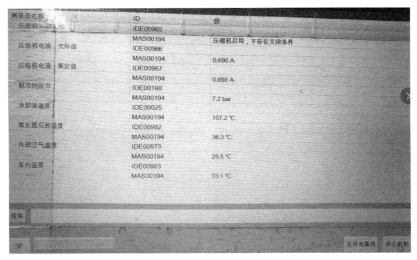

图18-8 空调系统相关数据

**专家小贴士**

　　这种情况一般是系统密封件存在轻微渗漏导致，类似故障用短时系统打压的方法很难发现漏点。此时如在空调管路连接处不能发现有明显的冷冻油渗出现象，应重新加注制冷剂并加入10mL荧光剂。在客户使用30天左右再次进站，用紫光灯可直观发现故障点。类似问题在售后也很常见，不要通过数据流发现N280有控制电流就认为是N280卡滞或损坏，一定要先排查系统中是制冷剂还是空气，然后才能做出正常的判断。

## 案例5　一汽大众速腾空调有时不制冷

**车辆信息**

**车型**：速腾　1.6L

**变速器型号**：手动变速器

**VIN**：LFV2A21K8A3******

**行驶里程**：26385km

**发动机型号**：CFB

**故障频率**：偶发

### 诊断分析

　　由于是偶发故障，进站检查时空调制冷效果是正常的。用诊断仪检查空调控制单元内无任何故障码存储。经和客户沟通，了解到该车空调在行驶过程中可能突然就不工作了，之后有可能会自动恢复制冷。根据客户描述现象，初步认为可能是电气线路存在虚接或是间歇性短路问题。

　　为了取得出现故障时的第一手信息，决定进行实地路试，用诊断仪实时检查空调不制冷时的数据流。首先读取了空调正常工作时的数据流（图18-9），从数据流可以看出空调不存在关闭原因且空调压力调节阀N280控制电流为0.790A，与空调压力调节阀N280理论控制电流 0.805A 基本一致。路试 5km 左右出现空调不制冷的故障现象，此时的数据流如图 18-10 所示。从数据流中可以看出空调仍然不存在关闭条件，且空调压力调节阀控制电流理论值与实际值都是 0.802A，说明空调控制方面并没有问题。此时空调不工作的原因只有两种可能：一是空调压力调节阀 N280 的插接器存在虚接；另外一种原因是空调压力调节阀 N280 存在机械性卡滞。

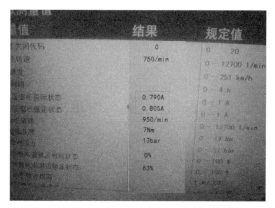

图 18-9　空调正常制冷时的数据流

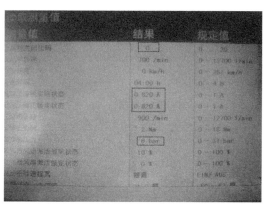

图 18-10　空调不制冷时的数据流

### 排除与总结

经检查空调压力调节阀插接器不存在虚接现象，更换空调泵总成后故障排除（不提供空调压力调节阀单独备件）。通过故障现象再现的方法，实时用诊断仪读取相关数据流是没有故障码存储情况下的最佳故障检查手段之一，在实际工作中要充分利用数据流分析功能。

# 十九　信息娱乐系统故障诊断分析

### 故障现象定义

信息娱乐系统包括收音机、DVD、导航、功放、蓝牙、电话、SD 读卡器、USB 接口、电视以及人机交互界面等，其中任一功能出现故障都属于信息娱乐的范畴。

🔧 专家小贴士

信息娱乐系统是车载网络里唯一使用光纤通信的系统，光纤（MOST 总线）传输系统在汽车上采用环形信号传输。当一个控制单元或是接口出现故障时，整个信息娱乐系统就无法正常工作。

## 故障诊断分析流程

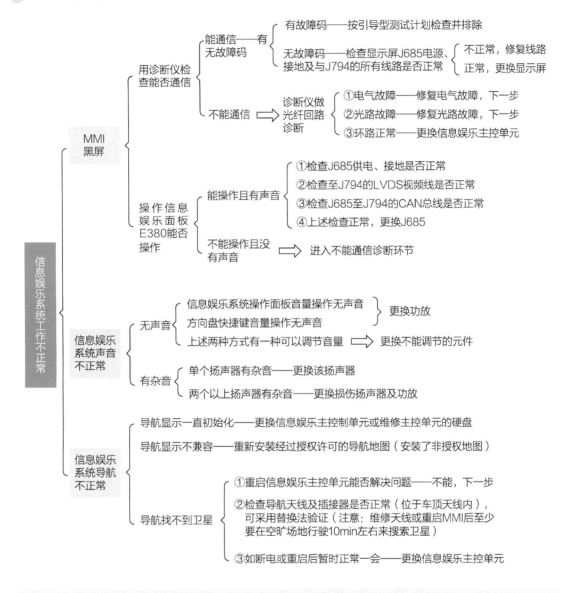

## 案例 1 奥迪 Q5 MMI 黑屏系统无法启动

### 车辆信息

**车型**：奥迪 Q5 2.0T　　　　　　**发动机型号**：CAD　　　　　　**变速器型号**：0BK

**VIN**：LFV3B28R0D3******　　　　**行驶里程**：35351km　　　　　**故障频率**：一直

## 诊断分析

在点火开关打开的前提下，MMI 显示屏黑屏；按 MMI 操作单元 E380 的任意按键均无反应。用诊断仪检查显示娱乐系统均"无法达到"，如图 19-1 所示。

信息娱乐系统采用的是 MOST 光纤环路通信，当环路中任一个控制单元损坏或光纤环路中断，整个信息娱乐系统就无法启动，同时也不能进行通信。为提高 MOST 系统的诊断效率，在诊断仪的网关 J533 地址码 19 设有 MOST 回路诊断测试模式，在此模式下可快速诊断光纤断环所在位置或某个环路用户故障。执行回路诊断系统测试计划，结果如图 19-2 所示。

图 19-1　信息娱乐系统都无法达到

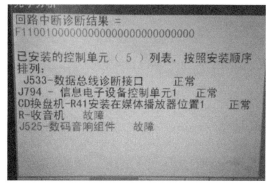

图 19-2　光路系统提示故障

诊断结果提示所有 MOST 中控制单元电路正常，光学故障存在于 R- 收音机和 J525 功放之间。诊断结果提示连续两个控制单元有光学故障，可能是 R- 收音机上光纤插头有故障（图 19-3）。

经检查发现该车收音机控制单元的光纤插头中的光纤装反，导致从 R41CD 换碟机到收音机的输入光路接到了输出光路，使整个 MOST 光纤环路中断无法正常运行。

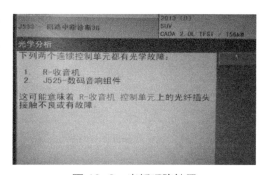

图 19-3　光纤环路结果

🔑 专家提示

　　该车曾经因事故在无资质修理厂修理线束时，无意将收音机光纤装反，导致故障发生。对于奥迪信息娱乐系统的诊断，最好是利用专用诊断仪的环路诊断进行测试，可以先判断光纤大体位置，然后利用光纤跨接器专用工具对可疑控制单元进行替换，就可以准确地判定故障原因。

## 案例 2　奥迪 A6L-C7 仪表黑屏且信息娱乐系统不能使用

### 车辆信息

| | | |
|---|---|---|
| **车型**：C7 2.0T | **发动机型号**：CDN | **变速器型号**：0AW |
| **行驶里程**：3506km | **VIN**：LFV3A24G3D3\*\*\*\*\*\* | **故障频率**：一直 |

### ▷ 诊断分析

初步检查仪表黑屏和信息娱乐系统黑屏（图19-4），按信息娱乐按键 E380 无任何反应。用 VAS6150B 检查发现 Most 总线用户均无法访问，同时仪表也无法访问；仪表是显示和操作 CAN 和 MOST 总线的双重用户；用光纤环路诊断提示有 J794、J285、R 有电气故障。

图 19-4 MMI 黑屏

### ▷ 排除过程

根据电路图检查仪表熔丝 ST1 的 SC6，发现熔丝正常但无电压，检查 ST3 的 SF1 熔丝供电正常；检查 ST3 的 SF 整列熔丝没有电源，进一步检查发现 ST1 的 SC6 和 ST3 的 SF 整列熔丝均由稳压器 J532 的 T12P/7 提供稳压电源（图19-5）。初步分析是稳压器损坏或是 J532 的 T12P/7 和相关两路供电线路之间节点存在断路现象。试换稳压器 J532 后故障没有改善，在打开点火开关的前提下测量 J532 的 T12P/7 有 12.36V 电压输出，说明稳压器没有故障。顺着线整检查，在备胎坑内找到相关节点（图19-6），果然该节点已经完全脱开，导致仪表 J285 没有电源供给。使用专用工具修复线束后故障排除。

图 19-5 信息娱乐电源供给图

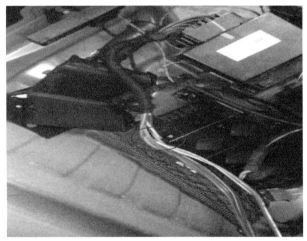

图 19-6 稳压器输出电线路腐蚀

🔑 **专家提示**

该车由于事故导致行李舱盖上的尾灯密封不良，导致车辆在洗车和下雨时行李舱进水。而稳压器控制单元 J532 就在备胎坑内最低处，水顺着线束到达该节点处使该节点腐蚀断裂。

## 案例 3　奥迪 Q5 导航、CD 一直显示初始化

**车辆信息**

| | | |
|---|---|---|
| 车型：Q5 2.0T | 变速器型号：0B5 | 发动机型号：CAD |
| VIN：LFV3B28R7B3****** | 行驶里程：63785km | 故障频率：多次 |

### 诊断分析

　　MMI 冷车起动时要很长时间才能完成初始化及加载（图 19-7）。用诊断仪检测无故障记录，检查 J794 线路良好，尝试用 SVM 码为 3GHCN377 进行升级后故障依旧，尝试恢复出厂设置也无效。信息娱乐系统其他功能正常，判断是 J794 控制单元损坏。

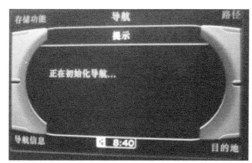 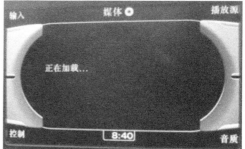

图 19-7　导航 / 媒体一直初始化

> **专家小贴士**
>
> 　　由于该车已出保修期，客户感觉更换费用太高，从客户角度出发，为客户更换了 J794 的硬盘并重做系统，故障排除。此类故障在售后中也较为常见，主要通过更换 J794 或维修硬盘来解决。

## 案例 4　A8L-D4 信息娱乐系统无声音

**车辆信息**

| | | |
|---|---|---|
| 车型：A8L 3.0T | 发动机型号：CGW | 变速器型号：0BK |
| 行驶里程：19235km | 故障频率：一直 | |

### 诊断分析

　　首先用诊断仪检查信息娱乐系统无相关故障码，但网关列表中无法找到功放地址码 47。由于该车信息娱乐系统采用光纤环路传输数据，决定先进行光纤回路中断诊断（图 19-8）。

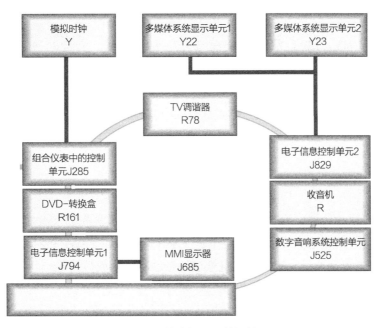

图 19-8 信息娱乐系统拓扑图

根据引导型测试计划提示，已发现 J525- 数码音响组件控制单元有一个光学故障。该控制单元是从 R- 收音机控制单元接收光学信息。可能的故障原因是 J525 故障、收音机故障或两个控制单元之间的光纤存在断路。如果是光纤断路则整个信息娱乐系统无法开机，在 MMI 选择收音机界面时可以进行选台，只有声音调整菜单为灰色，综上分析认为是功放控制单元 J525 内部故障（图 19-9）。

图 19-9 损坏的功放

▷ 排除与总结

更换 J525 并做部件保护后，信息娱乐系统声音恢复正常。对于信息娱乐系统故障，无论 MMI 能否开机都可以进行光纤环路测试计划。该测试计划既可以对整个系统中光路进行诊断，也可以对相关控制单元电路是否正常进行诊断，可以为信息娱乐系统故障诊断提供最直接的分析证据。

## 案例 5　奥迪 A6L-C7 娱乐系统电视菜单只有声音没有图像

### 车辆信息

车型：C7 3.0T　　　　　　发动机型号：CGWB　　　　　变速器型号：0B5

行驶里程：20130km　　　　VIN：LFV6A24G9C*******

### 诊断分析

首先重启了 MMI，观察故障现象没有发生变化（图
19-10）。用诊断仪检查发现中国版数字电视调协器 57 里
有"VAG02283：与终端单元的视频连接断路 / 对正极短路"
的故障代码。根据故障码初步分析，可能是电视控制单元到
J794 信息娱乐系统的主控单元之间的视频传输线 FBAS 有
故障。

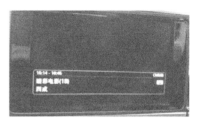

图 19-10　电视只有声音没有图像

### 解决措施

根据引导型测试计划，检查 DVD 换碟机和电视调协器之间的视频线是否存在断路。经
检查视频线不存在断路现象，使用专用工具 VAG1598/43 和 VAG1598/42 配合诊断仪得出的
诊断结果是 TV 电视调协器发生故障。更换电视控制单元后故障排除。

#### 专家小贴士

奥迪信息娱乐系统的音频和其他数据是通过 MOST 总线传递，但是视频信号还是
通过专门的视频信号线 FBAS 传递（图 19-11）。对于 MMI3G+ 电视视频信号，如果
有 DVD 换碟机则先通过 DVD 换碟机然后再到 J794；如果没有 DVD 换碟机则直接到
J794。此车 DVD 换碟机可以正常播放视频文件，说明 DVD 换碟机到 J794 之间的视
频传输信号正常。经检查 DVD 换碟机至电视调协器的视频电缆无断路和短路现象，
所以判定是电视控制单元损坏。

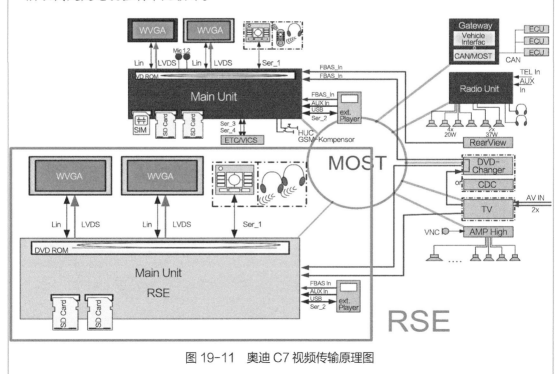

图 19-11　奥迪 C7 视频传输原理图

## 案例 6　奥迪 A3 多媒体操作按钮没反应、显示屏无法升起

**车辆信息**

车型：A3 1.4T　　　　发动机型号：CSSA　　　　**VIN**：LFV2B28V4G5\*\*\*\*\*\*

变速器型号：0AM　　　行驶里程：7814km　　　　故障频率：一直

### 诊断分析

该车可以用多功能方向盘按键操作信息娱乐系统切换菜单，收音机和多媒体也可以播放并且可以调节音量，但多媒体操作单元 E380 按任何键均没有反应且多媒体显示屏无法升起。用诊断仪检查 5F 信息电子主控单元有图 19-12 所示故障码。

地址：005F 系统名：5F - 信息电子装置1（标准）协议改版：UDS/ISOTP (Ereignisse: 1)

[+] 识别：

[-] 故障存储器记录：

**故障存储器记录**

| | |
|---|---|
| 编号： | U10E400: 多媒体系统控制单元 无通信 |
| 故障类型 2: | 主动/静态 |
| 症状： | 6664 |
| 状态： | 00001001 |

[-] 标准环境条件：

| | |
|---|---|
| 日期： | 17-7-31 |
| 时间： | 17:59:41 |
| 里程（DTC）： | 7749 |
| 优先等级： | 2 |
| 频率计数器： | 35 |
| 遗忘计数器/驾驶周期： | 211 |

[-] 高级环境条件：

| | | |
|---|---|---|
| 动态环境数据 | 02 86 77 | |
| 端子30电压 | 11.9 | V |

图 19-12　诊断仪读取的故障码

根据引导型测试计划提示，可能的故障原因有：①信息娱乐总线断路或是短路；②多媒体操作单元 E380 有故障；③信息娱乐主控单元 J794 有故障。

### 解决措施

该车 J794 到 E380 之间的线路如图 19-13 所示。由于该车行驶里程较少，结合实际维修经验判断，线路出现故障的概率很小，决定先替换 E380 再试。对调 E380 后发现故障消失，确定故障就是由于 E380 内部损坏。由于该车涉及质量担保，根据以前经验，E380 只有进水才能损坏，决定分解 E380 检查。经分解发现果然是 E380 进水腐蚀导致损坏（图 19-14）。由于是新车，客户决定更换 E380 解决故障。

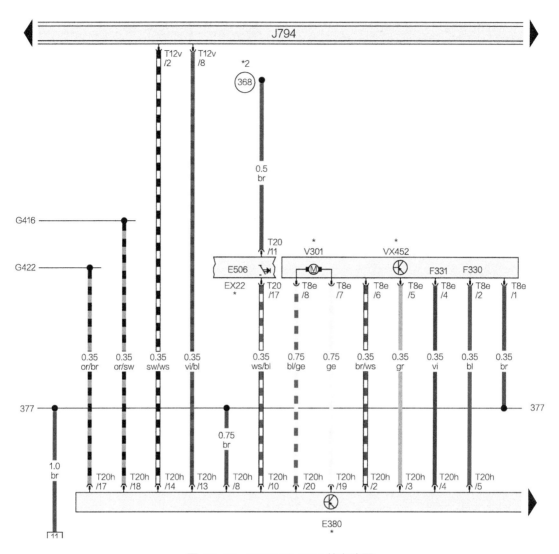

图 19-13  E380 至 J794 的电路图

## 总结

奥迪车系的 E380 部件在售后维修过程中基本都是因为进水腐蚀导致损坏，在检查类似问题时一定要先排除 E380 是否进水；另外还要提醒客户在日常使用过程中避免将饮料或水杯放在 E380 上面，防止意外进水造成不必要的损失。

图 19-14  E380 电路板进水腐蚀

## 案例 7 奥迪 Q3 信息娱乐系统无法读取 SD 卡信息

### 车辆信息

车型：Q3 1.4T　　　　发动机型号：CSS　　　　行驶里程：78958km

变速器型号：0BH　　　VIN：LFV3B28U5D3\*\*\*\*\*\*　故障频率：一直

### 诊断分析

用诊断仪检查无任何故障记录，现场检查发现多媒体 CD 可以播放，但插入 SD 卡时显示无法读取。将该车 SD 卡换到其他车上可以正常播放，确定就是 CD 收音机损坏。

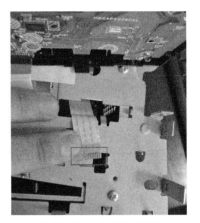

### 解决措施

询问客户得知之前插 SD 卡就偶尔不能用，由于该 SD 卡读卡器集成在 CD 收音机内，更换费用较高，客户要求尽量修复。鉴于这种情况决定拆机检查，先将主机与控制面板分开，当拆下读卡器排线时，发现该排线有一个端子向后折叠（图 19-15），将该端子修复后故障排除。

图 19-15 排线向后折叠

🔑 专家提示

事后询问客户得知，该车在外面专修音响的地方打开过 CD 机，至此故障原因彻底明白。由于上次拆装 CD 面板装复排线时操作不当，导致其中的一个端子向上折叠，当时可以部分接触上，所以并没有故障现象。随着车辆行驶里程增加和颠簸使该端子彻底接触不上，从而导致无法读取 SD 卡信息。

# 二十　遥控器系统故障诊断分析

### 故障现象定义

主要是指使用遥控器无法上锁、开锁或遥控距离明显太近。

专家小贴士

MLB 平台的奥迪车型的遥控器大部分和防盗主控单元 J393 集成在一起；而 MQB 平台的车型遥控器集成在车载电网控制单元 J519 内，现在遥控器的匹配和钥匙（防盗）匹配是在一起的（也就是说只能通过匹配钥匙来匹配遥控器）。遥控器的故障主要涉及遥控接收天线 R47、遥控器主控单元 J393 或 J519 以及遥控器本身。

## 故障诊断分析流程

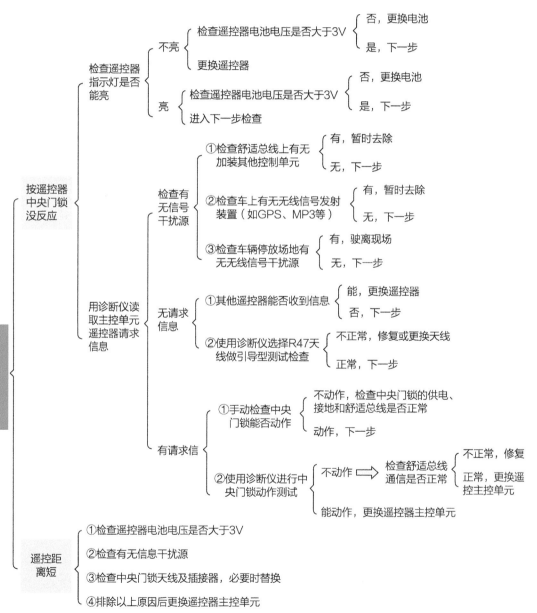

## 案例 1　奥迪 A3 遥控器无法正常使用

### 车辆信息

车型：A3 1.4T　　　　　　行驶里程：2634km　　　　　发动机型号：CMBA
VIN：LFV2B28V0G5******　　变速器型号：0AM　　　　　故障频率：一直

### 故障现象

一辆奥迪 A3 在车库停放 3 个月后，出现钥匙可以起动车辆但遥控器无法上锁或解锁的故障。

### 诊断分析

用诊断仪检查 17 仪表防盗主控单元里有故障码"B104C29：钥匙不可信信号　主动 / 静态"；在 09 车身控制单元内有故障码"B147954：无线遥控器 1 无基本设置　主动 / 静态"（图20-1）。

地址: 0017 系统名: 17 - 仪表板 协议改版: UDS/ISOTP (Ereignisse: 1)

+ 识别:

- 故障存储器记录:

**故障存储器记录**
编号:　　　　　　　　　　　　　　　　B104C29：钥匙 不可信信号
故障类型 2:　　　　　　　　　　　　　主动/静态
症状:　　　　　　　　　　　　　　　　9456681
状态:　　　　　　　　　　　　　　　　00001001
　- 标准环境条件:
　　日期:　　　　　　　　　　　　　　17-4-21
　　时间:　　　　　　　　　　　　　　1:23:59
　　里程（DTC）:　　　　　　　　　　10
　　优先等级:　　　　　　　　　　　　6
　　频率计数器:　　　　　　　　　　　2
　　遗忘计数器/驾驶周期:　　　　　　255

地址: 0009 系统名: 09 - 中央电子电气装置（BCM）协议改版: UDS/ISOTP (Ereignisse: 1)

+ 识别:

- 故障存储器记录:

**故障存储器记录**
编号:　　　　　　　　　　　　　　　　B147954：无线遥控钥匙1 无基本设置
故障类型 2:　　　　　　　　　　　　　主动/静态
症状:　　　　　　　　　　　　　　　　204293
状态:　　　　　　　　　　　　　　　　00001001

图 20-1　相关系统的故障码

根据引导型测试计划，用钥匙 1 重新打开和关闭点火开关一次，以此来学习遥控器；如仍不能解决，则断开 J519 电源，对 J519 进行硬件匹配。根据上述检查，初步分析是遥控器信息在车载电源控制单元 J519 内丢失，重新匹配学习遥控器就可以正常使用了。

### 排除过程

根据引导型测试计划做了遥控器匹配学习，但遥控器仍然不能使用。该车钥匙防盗信息由仪表来进行读取和识别，故障车辆可以正常打开点火开关和起动车辆，说明防盗系统能够识别钥匙并已通过防盗验证。按压遥控器开/闭锁键，遥控器上指示灯能亮，检查遥控器电池电压在 3.1V，属于正常范围。

该车遥控器信号接收天线和控制系统集成在车载电源控制单元 J519 内，由此分析可能是 J519 内部接收天线或其他内部故障导致遥控器信号无法正常接收。尝试对调 J519 并做部件保护，重新学习遥控器后仍然无法使用。在按遥控器时读取故障车数据流，（图 20-2），与正常车数据流进行对比（图 20-3）。

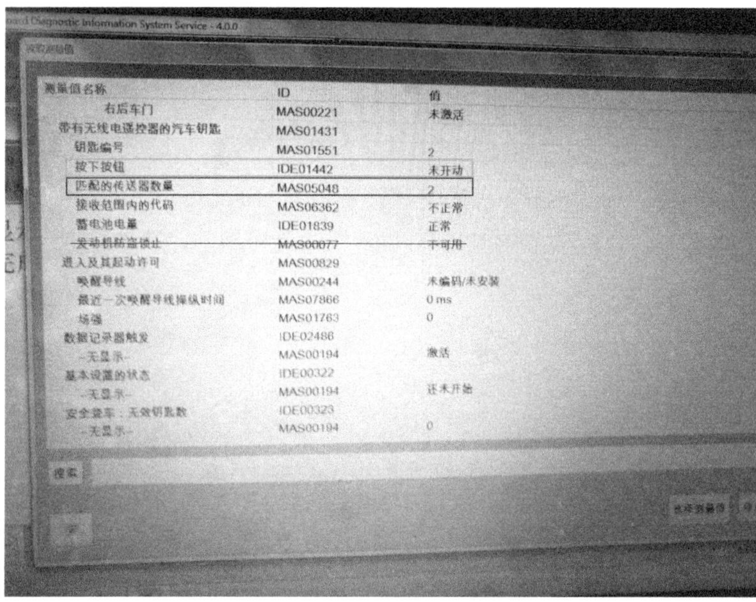

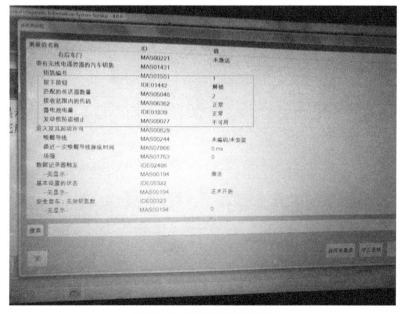

图 20-2　故障车的数据流

图 20-3　正常车的数据流

通过对比发现，故障车在按下遥控器时只能识别到当前钥匙是匹配学习过的哪一把，但不能识别遥控器按钮信息且接收范围内的代码也不正常。分析是遥控器内部故障，更换带钥匙的遥控器后故障解决。

🔧 专家提示

该车防盗信息可以识别且按压遥控器时遥控器上的指示灯能亮，同时 J519 也能识别出是匹配过的哪一把钥匙；但按下遥控器时的代码无法被 J519 识别，所以也就无法进行闭锁和开锁操作。此类故障比较少见，排除类似问题时应读取遥控器实时数据流，这样才能为故障分析判断提供有力支持，提高一次修复率。

## 案例 2　奥迪 Q3 遥控距离太短

### 车辆信息

车型：Q3 1.4T　　　　　　　**VIN**：LFV2B28U4G3\*\*\*\*\*\*　　　　发动机型号：CSS
变速器型号：0BH　　　　　行驶里程：42530km　　　　　　故障频率：一直

### 诊断分析

使用诊断仪读取 09 地址码无故障记录。根据客户描述的现象，对两把钥匙进行检查。经检查发现一把遥控器的遥控距离太短，在左前门附近 1m 距离时才起作用；另一把钥匙有时候无法着车，只有开闭锁的作用。检查遥控器电池电量正常，经检查车辆未发现有加装设备干扰。尝试匹配车辆钥匙后发现两把钥匙起动发动机正常，遥控器依旧无法使用。此车的遥控天线内置于 J519 内部，依次检查 J519 电源、接地均未发现故障，试探性地替换 J519，故障消除。

安装新的 J519 后，用诊断仪执行正常更换流程，但编码无法进行。诊断仪显示此控制单元对该车无效，备件系统查询没有相关升级代码。多次尝试手动编码无法进行，将此控制单元装到另一车辆进行手动编码后，再次装回该车匹配成功。匹配成功后遥控器距离恢复正常。

🔧 专家提示

大众 MQB 平台车型的遥控器主控单元是车载电网控制单元 J519，其遥控天线集成在 J519 内。当两把遥控器都距离短且没有干扰源时，应重点考虑 J519 内部故障。

## 案例 3　奥迪 A3 遥控器无法使用

### 车辆信息

车型：A3 SPORTBACK　　　　发动机型号：CMS　　　　　　变速器型号：0AM
行驶里程：33978km　　　　　**VIN**：WAUYC8PCA\*\*\*\*\*\*　　　故障频率：一直

### 诊断分析

现场检查两把钥匙的遥控器都不能使用，用诊断仪检查09控制单元里无任何故障记录。该车防盗系统与大众PQ35平台一致。防盗主控单元是J285仪表，发动机控制单元和变速器控制单元是防盗组件；取消了舒适系统控制单元J393，遥控器和中央门锁全部由车载电网控制单元J519控制。该款车的遥控器天线R47内置于J519内，其电路图如图20-4所示。

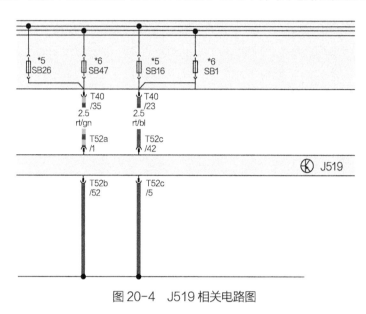

图20-4　J519相关电路图

检查J519供电及搭铁良好，遥控器电池电压正常。拆开J519控制单元，发现有人为焊接修复的现象，分析是J519损坏导致遥控器无法正常使用。

### 排除过程

更换J519并执行生产线模式激活后，匹配遥控器时发现仍然无法匹配遥控器。尝试重新做钥匙的防盗匹配，成功匹配后发动机可以正常起动，但遥控器仍无法使用。重新整理思路，分析认为有两种可能：①钥匙存在错误，导致无法匹配；②J519型号不正确，无法接收遥控信号。为进一步判断故障原因，找一辆年款相同的A3，进入J519数据块读取按遥控器开锁键和闭锁键时的数据，如图20-5和图20-6所示。

| 地 址 | ID | 测量值 | 值 |
| --- | --- | --- | --- |
| 0009 | 61.1 | S触点 | 已按下 |
| 0009 | 61.3 | 点火开关S端子（CAN） | 接通 |
| 0009 | 61.4 | BCM端子S（CAN输出） | 接通 |
| 0009 | 62.1 | 端子15（硬件输入） | 端子15接通 |
| 0009 | 62.3 | 点火开关端子15（CAN） | 接通 |
| 0009 | 62.4 | 点火开关端子15（CAN） | 接通 |
| 0009 | 91.1 | 无线遥控器钥匙编号 | 2 |
| 0009 | 91.2 | 遥控器按钮 | 100000 |
| 0009 | 91.3 | 防起动锁钥匙识别 | 1 |
| 0009 | 91.4 | 已匹配遥控器钥匙 | 2 |
| 0009 | 92.1 | 固定代码 | 正常 |
| 0009 | 92.2 | 接收范围内的代码 | 正常 |

图20-5　遥控器功能正常按下开锁键数据

| 地 址 | ID | 测量值 | 值 |
| --- | --- | --- | --- |
| 0009 | 61.1 | S触点 | 已按下 |
| 0009 | 61.3 | 点火开关S端子（CAN） | 接通 |
| 0009 | 61.4 | BCM端子S（CAN输出） | 接通 |
| 0009 | 62.1 | 端子15（硬件输入） | 端子15接通 |
| 0009 | 62.3 | 点火开关端子15（CAN） | 接通 |
| 0009 | 62.4 | 点火开关端子15（CAN） | 接通 |
| 0009 | 91.1 | 无线遥控器钥匙编号 | 2 |
| 0009 | 91.2 | 遥控器按钮 | 001000 |
| 0009 | 91.3 | 防起动锁钥匙识别 | 1 |
| 0009 | 91.4 | 已匹配遥控器钥匙 | 2 |
| 0009 | 92.1 | 固定代码 | 正常 |
| 0009 | 92.2 | 接收范围内的代码 | 正常 |

图20-6　遥控器功能正常按下闭锁键数据

使用故障车的遥控器按下开 / 闭锁键，在功能正常车上读取数据，如图 20-7 所示。

在故障车上无论用自己的遥控器还是遥控功能正常的遥控器，数据流显示一直如图 20-8 所示。

| 地　址 | ID | 测量值 | 值 |
|---|---|---|---|
| 0009 | 61.1 | S触点 | 已按下 |
| 0009 | 61.3 | 点火开关S端子（CAN） | 接通 |
| 0009 | 61.4 | BCM端子S（CAN输出） | 接通 |
| 0009 | 62.1 | 端子15（硬件输入） | 端子15接通 |
| 0009 | 62.3 | 点火开关端子15（CAN） | 接通 |
| 0009 | 62.4 | 点火开关端子15（CAN） | 接通 |
| 0009 | 91.1 | 无线遥控器钥匙编号 | 0 |
| 0009 | 91.2 | 遥控器按钮 | 000000 |
| 0009 | 91.3 | 防起动锁钥匙识别 | 1 |
| 0009 | 91.4 | 已匹配遥控器钥匙 | 2 |
| 0009 | 92.1 | 固定代码 | 不正常 |
| 0009 | 92.2 | 接收范围内的代码 | 无测量值 |

图 20-7　遥控功能不正常的遥控器按下
开 / 闭锁键数据

| 地　址 | ID | 测量值 | 值 |
|---|---|---|---|
| 0009 | 61.1 | S触点 | 已按下 |
| 0009 | 61.3 | 点火开关S端子（CAN） | 接通 |
| 0009 | 61.4 | BCM端子S（CAN输出） | 接通 |
| 0009 | 62.1 | 端子15（硬件输入） | 端子15接通 |
| 0009 | 62.3 | 点火开关端子15（CAN） | 接通 |
| 0009 | 62.4 | 点火开关端子15（CAN） | 接通 |
| 0009 | 91.1 | 无线遥控器钥匙编号 | 0 |
| 0009 | 91.2 | 遥控器按钮 | 000000 |
| 0009 | 91.3 | 防起动锁钥匙识别 | 1 |
| 0009 | 91.4 | 已匹配遥控器钥匙 | 2 |
| 0009 | 92.1 | 固定代码 | 无测量值 |
| 0009 | 92.2 | 接收范围内的代码 | 无测量值 |

图 20-8　故障车按遥控器按钮时的数据显示

综合上述检查分析，确认故障还在 J519 上，但 J519 已更换新备件，损坏的概率很小。最大可能是该车 519 编码不正确，再次尝试在线 SVM 比对，结果是对本车不需要处理。在车间内找了另外一台年款和配置都相同且遥控功能正常的车，分别读取两车长编码，如图 20-9、图 20-10 所示。

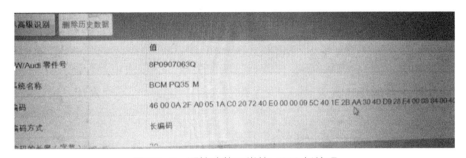

图 20-9　遥控功能正常的 J519 长编码

图 20-10　遥控功能不正常的 J519 长编码

通过自诊断—编码—手动程序，将原车 J519 长编码改为遥控功能正常的长编码，在 J519 里执行遥控器匹配，故障排除。

专家小贴士

该车由于 J519 损坏在非授权修理厂维修过，导致编码错误，进而使遥控器无法正常使用。更换新的 J519 做在线比对时，可能由于该车在服务器的数据不完整，导致服务器无法给出正确的控制单元编码，所以即使不报故障码，遥控功能也无法使用。类似故障应通过同年款和同配置车辆读取相关数据缩小故障范围，也可以参照正常车辆人工修改控制单元编码。需要注意的是，在修改控制单元编码前应先将原编码拍照留存，这样即使修改失败，也能恢复到送修时的工作状态。

## 案例 4　上汽大众斯柯达明锐偶尔无法用遥控器上锁

**车辆信息**

车型：明锐　1.6L　　　　**VIN**：LSVN221ZXC2******　　　发动机型号：CPJ

变速器型号：09G　　　　行驶里程：63865km　　　　故障频率：偶发

### 诊断分析

用诊断仪检查 09 电子中央电器控制单元内没有故障码存储。根据客户描述的"可以用遥控器开锁而无法上锁"的现象，初步判定遥控器电池电压正常且遥控接收信号系统是正常的。

可能的原因有：①遥控器的闭锁按键或是功能失效；②中央电器控制单元内部存在间歇性故障；③外界环界存在电磁干扰；④变速器 P 位信号不可信；⑤点火开关位置信号不可信。

### 排除过程

为了精确找到故障原因，反复模拟点火开关开闭，然后执行开锁 / 上锁功能；当有一次关闭点火开关拔掉钥匙后数据流显示点火开关的 S 端子仍处于接通现象（图 20-11）。

| 0016 - 转向柱电子设备 (UDS/ISOTP/1K5953507Q/0080/00 | |
| --- | --- |
| 名称 | 值 |
| IDE05288 端子信号和启动释放 | |
| 端子S状态 | 接通 |
| 端子P状态 | 断开 |
| 端子15状态 | 断开 |
| 端子50状态 | 断开 |
| 端子75X状态 | 断开 |
| 通过CAN的端子15状态 | 断开 |

图 20-11　拔掉钥匙后点火开关 S 端子的数据

根据上述检查结果分析，认为故障原因是点火开关内存在间歇性回位不良。更换点火开关后，经客户使用确认故障已排除。

> **专家提示**
>
> 　　由于拔掉钥匙后中央电器控制单元仍收到点火开关触点为 S 的信号，在这种情况下控制单元认为钥匙还在点火开关内，所以不能执行上锁功能。类似问题还表现在当用遥控器上锁时，识别到当前档位不在 P 位也无法上锁，这种控制策略在大众车系上都是一样的。

# 二十一　中央门锁工作不正常诊断分析

▶ **故障现象定义**

　　中央门锁故障主要体现为遥控不能开锁、中央门锁开关对个别车门无法上锁或解锁、个别车门无法从车外或车内打开等。

▶ **故障诊断分析流程**

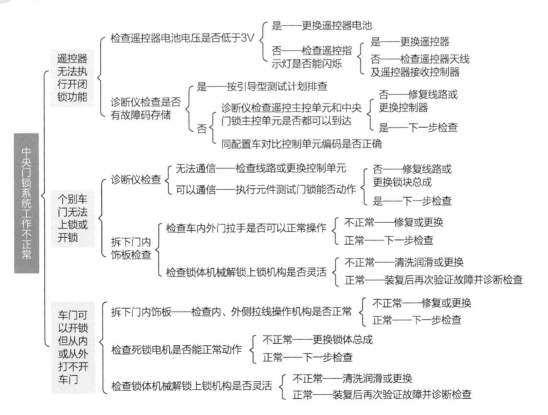

## 案例 1　奥迪 A4L–B8 左后门锁无法打开

### 车辆信息

| | | |
|---|---|---|
| 车型：B8 2.0T | 发动机型号：CDZ | 变速器型号：0AW |
| 行驶里程：33120km | 底盘号：LFV3A28K0A3****** | 故障频率：一直 |

### 故障分析

通过网络拓扑图可以看出，该车左后门控制单元 J388 通过 LIN 线和左前门控制单元 J386 进行通信；J386 再通过舒适 CAN 和其他控制单元进行通信；J393 是中央门锁的主控单元。当客户按压遥控器开锁键时，J393 通过中央门锁天线 R47 读取遥控器信息，如果开锁信息通过 J393 验证，则 J393 通过舒适 CAN 向 J386、387 发送开锁信息，而 J388 和 J389 则通过前门控制单元用 LIN 线接收开锁信息。

用诊断仪检查，发现系统中有故障码"J388 本地通信故障静态"且无法删除。根据故障现象和故障码分析可能原因有：①J386 和 J388 的 LIN 总线断路；②J386 或 J388 控制单元损坏；③J388 供电或搭铁不良。

### 解决措施

维修人员先检查了 J388 供电及搭铁，确认正常后，由于左后门无法打开，一时也不好检查其控制单元及线路是否正常。在查询 ELSA 时有一个相关的技术通报"左后或右后车门有多种功能故障"，该技术通报表明故障可能是由于前车门控制单元中缺少部件，LIN 收发器的半导体层之间缺少触点。决定更换左前门控制单元 J386，而在拆装 J386 后故障居然消失了。根据上述情况分析，可能是控制单元内部损坏，在断电后又可以恢复正常。当订购的新 J386 到货装复后，却发现故障没有排除。由于控制单元已经更换，此时仍存在和左后门控制单元 J388 通信不良的故障，最大可能就是 LIN 总线出现了故障。检查 J386 至 J388 的 LIN 总线，发现存在断路现象，进一步检查 LIN 总线在左前门内和玻璃升降器存在干涉现象，导致该线断裂（图 21–1）。修复线束并重新固定线束走向，故障排除。

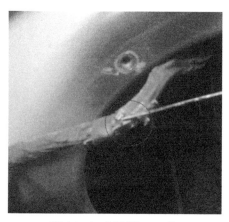

图 21–1　断裂的 LIN 线

专家小贴士

　　该车由于 J386 和 J388 之间的 LIN 线存在断路现象，导致控制单元无法通信，从而打不开车门。在第一次检查时拆装 J386 后由于拉动了线束，LIN 会短暂接触，所以当时故障消失。从本案例得到的启发是，厂家的技术通报有一定的参考价值，但如果仅凭故障现象和技术通报大致相同就不进行常规检查，导致返修的可能性就会大大增加。

## 案例 2 　奥迪 Q5 间歇性右侧车门无法上锁或无法开锁

**车辆信息**

车型：Q5 2.0T　　　　　　发动机型号：CUH　　　　　　变速器型号：0BK

行驶里程：15832km　　　VIN：LFV3B28R2F3******　　故障频率：间歇多次

### 诊断分析

　　用诊断仪检查多个控制单元内有故障码"VAG01334：右后车门控制单元无信号 / 通信静态"和"VAG01332：乘客侧车门控制单元无信号 / 通信静态"。根据引导型测试计划提示，需检查右前门控制单元 J387 的供电、搭铁及相关插接器。读取舒适总线数据流，结果如图 21-2 所示。

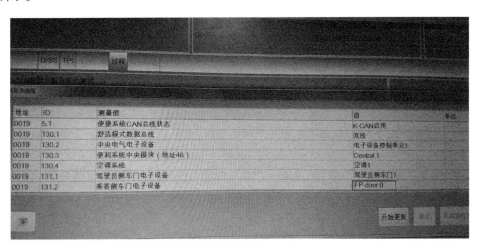

图 21-2　舒适总线数据流

　　根据电路图分析，该车后门控制单元通过 LIN 线和前门控制单元通信，然后才能通过舒适总线进行诊断。相关拓扑图如图 21-3 所示。

　　由于是偶发性故障，综上分析可能原因有 J387 供电熔丝存在虚接现象、J387 搭铁线存在虚接现象、J387 到 T46 的 CAN 分离插头之间的舒适总线存在虚接现象以及右前门控制单元 J387 本身存在质量问题。

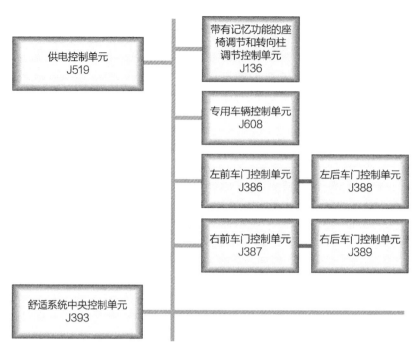

图 21-3　J387 总线相关拓扑图

### 排除过程

用万用表检查 J387 的熔丝、搭铁，以及到 CAN 分离插头的舒适总线、插接器均没有发现有虚接的相关故障。更换 J387 后跟踪回访，确认故障已经排除。

🔑 **专家提示**

排除偶发故障时，一定要先排查常规检查项目；在确保常规检查项目没有问题的前提下，可以根据逻辑分析大胆更换可疑部件。

## 案例 3　奥迪 A6L-C8 左前门无法从车内打开

**车辆信息**

| | | |
|---|---|---|
| **车型**：C8 2.0T | **VIN**：LFV3A24K9K3****** | **发动机型号**：DKUA |
| **变速器型号**：0CK | **行驶里程**：5362km | **故障频率**：一直 |

### 诊断分析

现场检查左前门可以从车外打开，但无法从车内打开。用诊断仪检查系统没有故障码，车门锁可以正常上锁和开锁。该车采用的是半电动门锁，也就是说当客户拉车内或车外门把手时会使相应的开关闭合；从而通过电动机动作来打开车门锁的第二道锁，而不是直接通过拉索打开。其相关电路如图 21-4 所示。

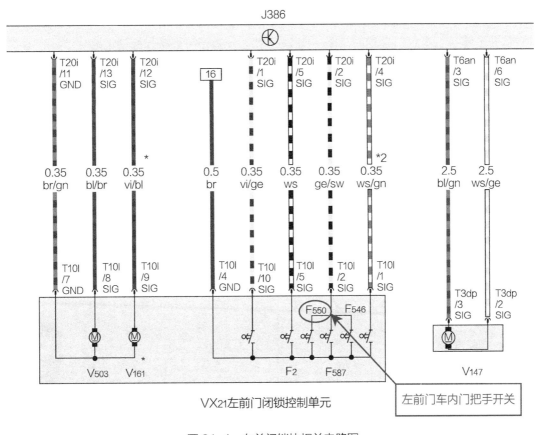

图 21-4　左前门锁块相关电路图

用诊断仪读取数据块，发现在拉动左前门内拉手时左前门内拉手开关 **F550** 并没有显示为闭合状态，在这种情况下左前门控制单元 **J386** 根据不知道有请求打开车门的信息自然也不会开锁。

**专家提示**

由于该开关集成在左前门闭锁控制单元 **VX21** 内，所以只能通过更换左前门闭锁控制单元来解决。该问题虽然简单，但是还需要通过数据来验证我们的分析是否正确；只有验证与分析一致时才能一次解决故障问题。

## 案例 4　奥迪 Q5 高级钥匙左前门无法开锁

### 车辆信息

| | | |
|---|---|---|
| 发动机型号：CAD | **VIN**：LFV3B28R3D3****** | 变速器型号：0BK |
| 行驶里程：5362km | 故障频率：一直 | |

> 诊断分析

首先了解一下高级钥匙控制策略（图21-5），分为开门策略和起动策略。

1）开门策略具体如下：

① 驾驶员将手放入某一车门把手的凹坑内，车外门把手接触传感器会把"手指已放入把手凹坑"这个信息发送给J393。

②J393通过这个车门或其最近的天线发送一个唤醒信号给车钥匙。

③J393通过所有天线来确定钥匙在车上的位置，并将这个钥匙信息发送到中央门锁和警报天线R47。

④R47将接收到的信息由使用和起动授权开关E415发送给J393。

⑤J393验证钥匙的合法性后，将解锁命令发给相应的车门控制单元，从而打开车门。

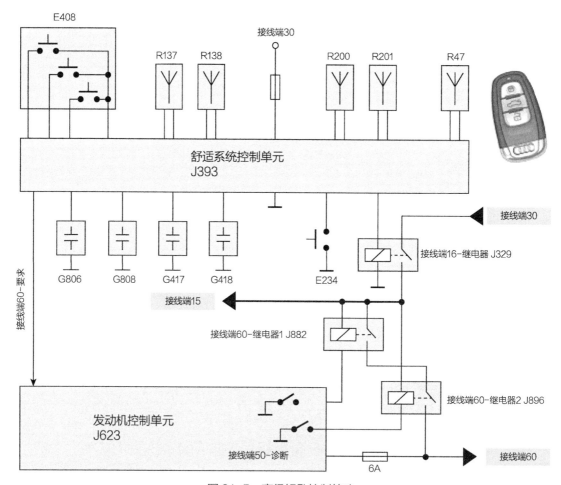

图21-5　高级钥匙控制策略

2）起动策略具体如下：

① 驾驶员按下进入及起动许可按钮，E408将点火开关接通发送到J393。

②J393通过所有天线发送一个信号来确定钥匙在车上的位置，并将这个信息发送到中

央门锁和警报天线 R47。

③ R47 将接收到的信息由使用和起动授权开关 E415 发送给 J393。

④ 根据钥匙授权情况，J393 通过 LIN 总线向转向柱锁控制单元 J764 发出询问请求。

⑤ 转向柱成功解锁后 S 端子电源就接通了。

⑥ 接线柱 15 号接通后，发动机控制单元 J623 和 J393 进行 CAN 数据交换。然后防盗锁就停用了。

⑦ J393 将起动请求发送给发动机控制单元 J623，发动机控制单元再检查离合器是否踩下或者档位是否处于 P、N 位同时制动踏板被踩下。此时发动机控制单元 J623 控制起动继电器吸合，车辆起动。

检查该车可以用高级钥匙上锁（触摸左前门把手外侧），但触摸左前门把手内侧时可以看到双闪动作一下，也能听到开锁的声音，但无法开锁。用遥控器可以正常闭锁和开锁，触摸其他车门把手可以正常开锁和闭锁。由于用左前门把手开锁时有开锁电动机动作声音和双闪工作一次，分析认为闭锁器可能存在机械故障。

▷ 排除过程

更换闭锁器后故障没有一点改善，由于相关系统没有任何故障码记录，进一步分析，左前门开闭锁由左前门控制单元 J386 执行具体动作，开锁指令由舒适系统控制单元 J393 提供；可能是这两个控制单元之一出现故障，导致左前门高级钥匙无法开锁。基于这种情况决定先执行 SVM 在线比对（用于检查车辆软件和硬件是否与出厂配置一致），比对结果是需要对 J386 进行编码。经编码后左前门高级钥匙工作正常。

原车 J386 第四位编码为 "50"，如图 21-6 所示。

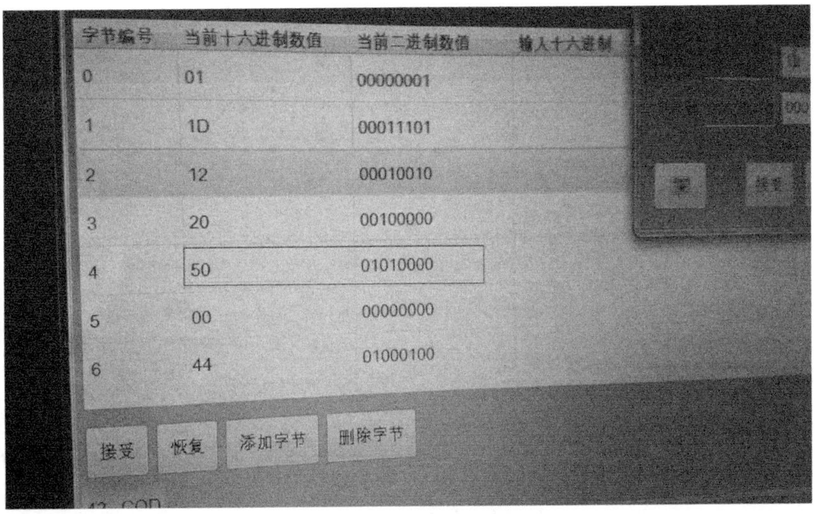

图 21-6 原车编码

比对后编码为 "5C"，如图 21-7 所示。

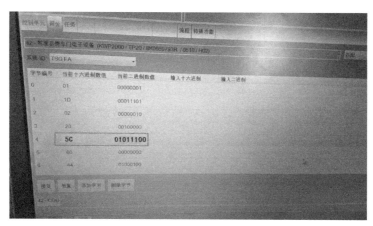

图 21-7　正确编码

🔑 **专家提示**

　　经查询 J386 第四位"50"编码为不带高级钥匙车辆，而该车为带高级钥匙车辆。客户之前一般用遥控器开闭锁没有发现这个故障，偶尔用高级钥匙才发现左前门无法开锁。

　　虽然 J386 编码为不带高级钥匙，但却可以用高级钥匙上锁；分析可能是上锁的安全优先级别较高，所以仍能实现。这种控制策略厂家没有在维修资料中给出，而且既可以闭锁也可以在开锁时有闭锁器动作声音和双闪工作一次，维修技师从主观上产生了所有系统都工作正常的错觉。对于高端车，由于软件编码或版本的不同，其相关功能差别也较大。如果条件允许，在维修类似故障时可以先做在线比对（和厂家数据库进行车辆数据校验），检查相关控制单元硬件和软件是否适合该车。这样可以有效提高维修效率，避免盲目进行检测和维修。

## 案例 5　奥迪 A8L–D5 右前门无法自吸关闭

### 车辆信息

车型：A8L-D5 3.0T　　　　VIN：WAURGCF80JN******　　发动型号：CZSE
变速器型号：OD5　　　　　行驶里程：35298km　　　　故障频率：一直

### 诊断分析

　　现场验证发现该车除了右前门自吸功能失效外，其他车门控制功能均正常（图 21-8）。用诊断仪检查 52 右前车门电子装置控制单元内有故障码"B122D29：中央控制门锁锁止单元不可信信号 被动 / 偶发"（图 21-9）。

图 21-8　右前门无法自吸关闭

地址: 0052 系统名: 0052 - 副驾驶员车门电子装置 协议改版: UDS/ISOTP (Ereignisse: 1)

+ 识别:

- 故障存储器记录 (数据源: 车辆):

**故障存储器记录**

| | |
|---|---|
| 编号: | B122D29: 中央控制门锁锁止单元 不可信信号 |
| 故障类型 2: | 被动/偶发 |
| 症状: | 196665 |
| 状态: | 00001000 |

- 标准环境条件:

| | |
|---|---|
| 日期: | 19-11-10 |
| 时间: | 12:01:14 |
| 里程（DTC）: | 31775 |
| 优先等级: | 5 |
| 频率计数器: | 6 |
| 遗忘计数器/驾驶周期: | 140 |

图 21-9　右前车门电子装置内的故障码

　　用诊断仪读取右前门和左前门数据块，发现在关门时只要识别到车门锁信号止动爪"已按下"则起动辅助关闭电动机；当电动机电流达到 2.0A 时，车门位置已显示关闭。而故障车门也可以识别到车门止动爪已按下且激活了辅助关闭电动机 V303，但辅助电动机电流达到 4.5A 车门状态仍显示为"打开"（图 21-10 和图 21-11）。

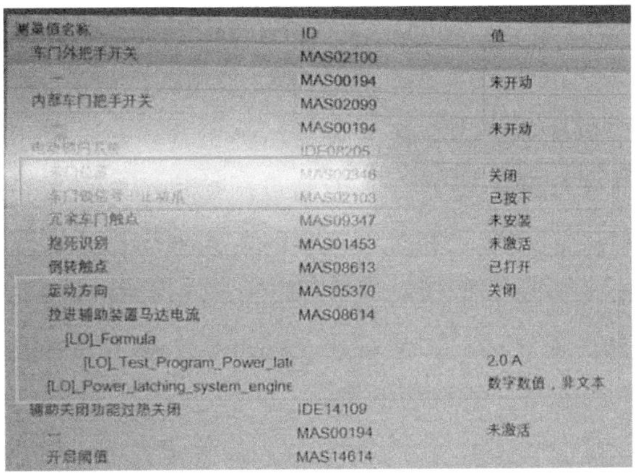

图 21-10　正常辅助关闭电动机动作数据

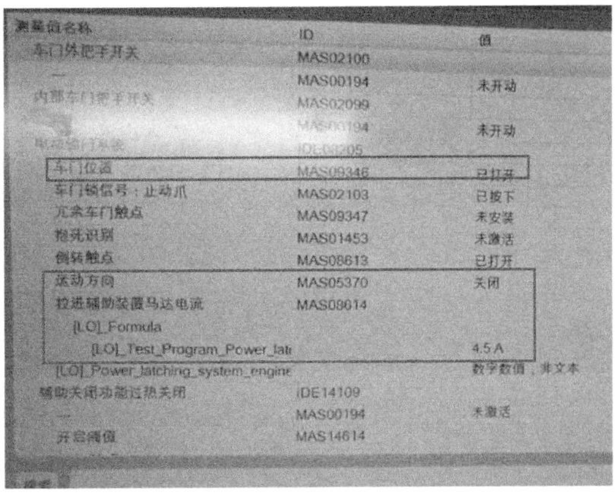

图 21-11　异常辅助关闭电动机动作数据

　　由此分析辅助电动机已工作，但无法拉动车门关闭。可能原因是辅助关闭机构阻力过大或辅助关闭电动机 V303 自身故障。

> **排除过程**

　　拆下右前门内饰板，计划替换辅助电动机试验。拆下辅助关闭电动机，发现辅助电动机到车门锁块的拉索断开（图 21-12）。更换辅助关闭电动机拉索后故障排除。

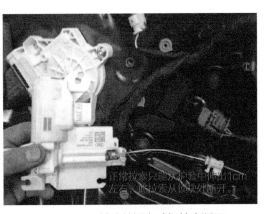

图 21-12　辅助关闭电动机拉索断开

该车由于拉索断开，控制单元在控制辅助关闭电动机工作时达到标准电流仍无法关闭车门。在这种情况下将电流调整到极限尝试关闭车门，结果也无法关闭，所以控制单元认为可能是车门锁止单元不可信信号。为什么故障码是偶发的？这是由于右前车门可以通过人为大力关闭，所以控制单元判定是偶发故障。

# 二十二
# 无钥匙进入与无钥匙起动系统故障诊断分析

## 故障现象定义

无法使用无钥匙进入功能开启车门或无法使用无钥匙起动功能起动发动机。

🔑 专家小贴士

无钥匙进入是指在打开或关闭车门时不需要使用遥控器或钥匙，只需将钥匙放在随身的口袋或是皮包内，用手拉动门把手即可实现上锁或开锁的功能；同样，无钥匙起动是指不必将钥匙插入点火开关，直接按压起动/停止按键即可实现打开点火开关、起动及关闭点火开关的相关功能（在这种情况下要求钥匙必须在车内并且能够被系统识别到）。无钥匙进入和无钥匙起动是舒适系统的一种扩展功能，该功能与防盗和遥控系统密切相关。在故障诊断分析时应准确找出相关问题的原因。

## 无钥匙工作原理

1）无钥匙进入的工作原理如图22-1所示。具体控制策略如下：

①当驾驶员将手放入某一车门的门把手内（不含行李舱盖）电容式门把手传感器G415（G416、G417、G418）将手指已放入门把手的信息传给无钥匙使用授权天线读入单元J723。

②无钥匙天线读入单元J723通过驾驶员所放入车门那一侧的使用和授权天线R134（R135、R137、R138）将一个唤醒信号发送到车钥匙上。

③使用和授权天线读入单元通过所有使用和授权天线给车钥匙发送一个信号。

④车钥匙根据这些信号来确定钥匙在车上的位置，并将这个信息发送到中央门锁和防盗警报装置天线R47。

⑤中央门锁和防盗警报装置天线接收到信息，这个信息由使用和起动授权开关E415传

送给使用和起动授权控制单元 J518。

⑥使用和起动授权控制单元将"打开车门"这个信息发送给舒适系统中央控制单元 J393 和车门控制单元（指门把手已经开始钥匙查询的车门的控制单元）。

⑦收到使用和起动授权控制单元命令的车门控制单元再操纵相应的锁芯，这样就打开了该车门。

⑧舒适系统中央控制单元 J393 将"打开车门 –advanced Key"这个信息发送到 CAN 舒适总线上。

⑨正常的开门过程包括停用安全装置、开门、确认闪光及接通车内灯。除了确认闪光外，使用和起动授权控制单元通过使用和起动授权开关和中央门锁 / 防盗警报装置天线 R47 将锁止状态发送到车钥匙内。

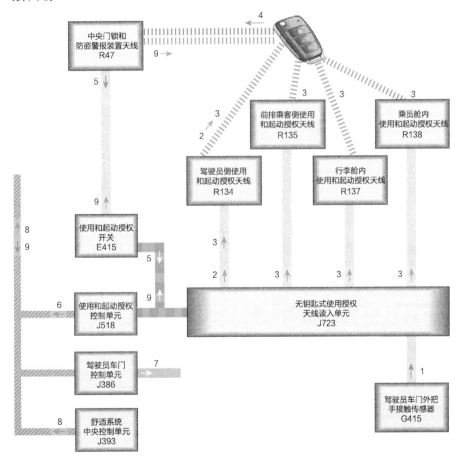

图 22-1　无钥匙进入工作原理

2）无钥匙起动的工作原理如图 22-2 所示。具体控制策略如下：

①驾驶员将使用和起动授权按钮 J408 完全按下，这个按钮将"点火开关接通"和"发动机起动"的信息发送到使用和起动授权开关 E415 和使用和起动授权控制单元 J518 上。

②使用和起动授权开关将这个按钮信息通过数据线继续传至使用和起动授权控制单元，

在这里两个按钮信息会进行比较。

③控制单元 J518 将钥匙查询信息发送给无钥匙式使用授权天线读入单元 J723。天线读入 单元通过所有的使用和起动授权天线将一个信号发送给车钥匙。

④车钥匙根据这个信号来确定钥匙在车上的位置，并将其信息发送给中央门锁和防盗警报装置天线 R47。

⑤中央门锁 / 防盗警报装置天线收到这个信息，然后该信息通过使用和起动授权开关 E415 被传送给使用和起动授权控制单元。

⑥根据钥匙的使用情况，S- 触点信号就被发送到 CAN 舒适总线上，转向系统就开锁了。

⑦转向锁完全打开后，接线柱 15 就接通了。

⑧接线柱 15 接通后，发动机控制单元与使用和起动授权控制单元之间就开始经 CAN 数据总线进行数据交换了，然后防盗锁被停用。

⑨使用和起动授权控制单元将"起动请求"这个信号发送给发动机控制单元。发动机控制单元检查离合器是否已踏下或是否已挂入 P 或 N 位（指自动变速器），然后就会自动起动发动机。

通过按钮起动车辆

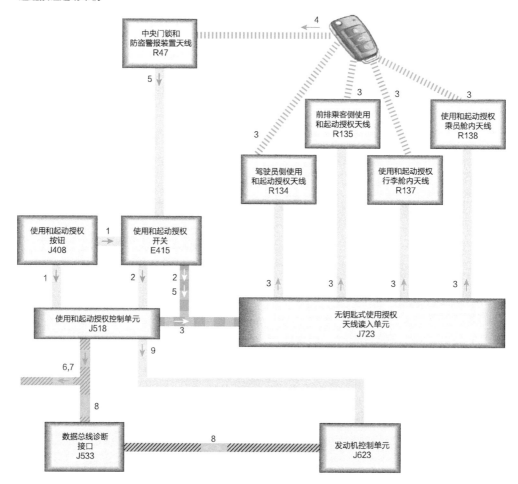

图 22-2　无钥匙起动工作原理

## 故障诊断分析流程

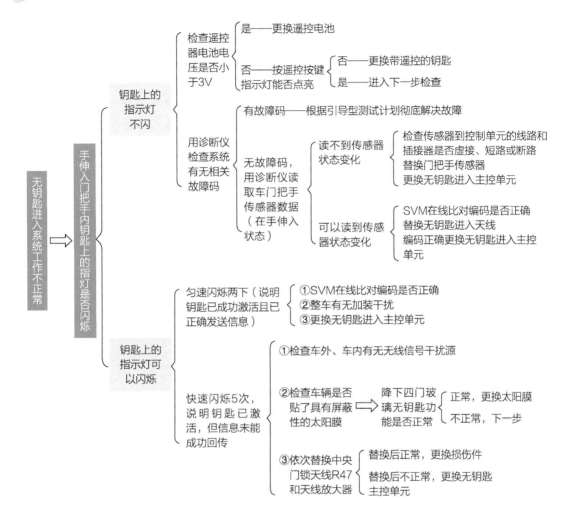

对于无钥匙起动，其诊断流程与无钥匙进入完全一致。不同的是当按下起动 / 停止按键 E408 后钥匙指示灯不闪烁，此时读取的信息是 E408 的 3 个触点开关是否至少有两个是闭合的（诊断仪内显示的是 15+1、15+2 和 15+3）。当收到信号 E408 开关请求信息且钥匙电池电压足够的前提下，此时替换的是无钥匙起动天线（位于变速杆下方、后座中央或行李舱内）。这种故障原则上是可以通过钥匙开锁或应急起动。

## 案例 1　奥迪 A4L-B8 偶发性找不到钥匙或无法起动

### 车辆信息

| | | |
|---|---|---|
| 车型：B8 PA | 发动机型号：CYY | 变速器型号：0AW |
| 行驶里程：9862km | VIN：LFV3A24G9G******* | 故障频率：偶发多次 |

### 故障现象

车辆在正常行驶过程中,仪表显示屏提示无法找到钥匙或有时无法无钥匙起动发动机。

### 诊断分析

用诊断仪检查 J393 内并没有相关故障记忆,由于是偶发故障,当时故障没办法重现。但故障车是新购车辆且行驶里程较少,因为此故障已多次进站报修均以故障无法重现而没有检查结果。为彻底解决客户抱怨,再次与客户进行了沟通,得到几个有效信息:①客户反映两把钥匙均出现过无法起动;②故障随意性很大,不区分冷车或热车及特定区域;③有时还会出现遥控距离很短的故障,只有 2 ~ 3mm。

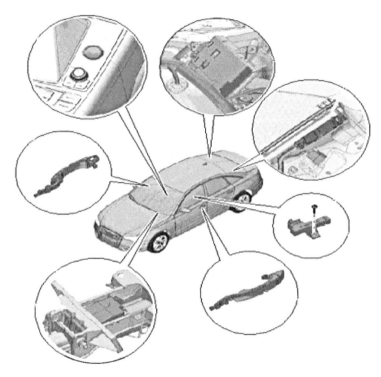

图 22-3　高级钥匙结构组成

该车高级钥匙的结构组成如图 22-3 所示。起动控制策略如下:驾驶员按下 E408 → J393 识别到进入及起动许可按键的请求信号→ J393 激活车内天线 R138 进入及起动许可车内空间天线 1 和 R137 行李舱内的进入及起动许可天线寻找钥匙→钥匙收到激活天线信息后将验证防盗信息发出→ R47 中央门锁天线接收钥匙防盗信息→防盗信息通过 R47 传递给 J393 → J393 将防盗验证信息与本身的防盗信息比对,如防盗信息正确→接通 15 号继电器(如此时变速器处于 P 位且制动踏板踩下则发动机起动)。

从上述控制策略可以看出无论是高级钥匙起动还是遥控器开锁都必须经过 R47 才能将相关信息最终传递给 J393,而此车客户反映有时遥控距离很短。综上分析认为是 R47 天线存在虚接或存在信号接收不良现象,查阅 R47 的电路图(图 22-4)。

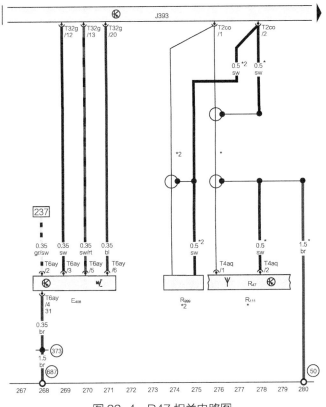

图 22-4 R47 相关电路图

### 排除过程

从电路图得知 R47 装在后风窗玻璃上，经过左后 D 柱的 R111 天线放大器直接到达 J393。检查 J393 处天线插接器未发现有明显故障，拆下左后 D 柱饰板找到 R111 天线放大器。尝试断开 R111 到 R47 的插接器，此时发现遥控距离只有 2m 左右，与客户描述的情况非常吻合。遥控器的发射频率为 315Hz 左右，而在高级钥匙激活钥匙的情况下发射频率远远低于遥按器发射频率（图 22-5）。

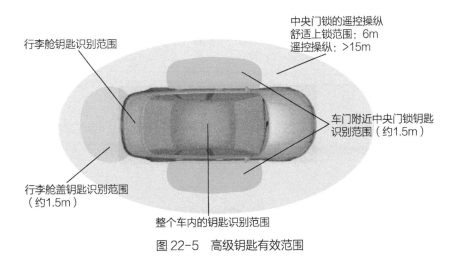

图 22-5 高级钥匙有效范围

所以当 R47 出现虚接或工作不良时，J393 无法收到有效的钥匙反馈信号也就不能正常起动。为一次解决客户的问题，首先将 R47 和 R111 的插接器重新处理，而且在 R47 后风窗天线处并联一根 30cm 长的 $2mm^2$ 的铜线用于加强 R47 的天线接收强度（图 22-6）。

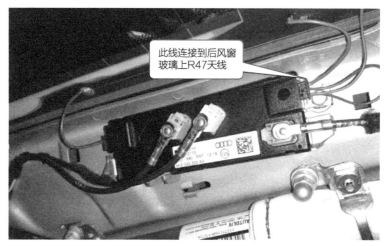

此线连接到后风窗玻璃上R47天线

图 22-6　R47 与天线放大器

**总　结**

该车经跟踪回访，确认故障没有出现。此故障能顺利排除得益于两点：一是充分和客户沟通，找到解决故障的重要信息；二是对该车高级钥匙起动的控制策略很清楚。基于这两个有利条件进行合理逻辑分析，最终找到一个最大的可能原因。

## 案例 2　奥迪 Q7 高级钥匙有时无法从右前门打开车门

**车辆信息**

车型：Q7 3.0T　　　　生产日期：2011 年 8 月　　　　发动机型号：CJT
变速器型号：0C8　　　行驶里程：18756km　　　　底盘号：WAUAGD4L1CD0******

**故障现象**

客户反映自从购车起就发现右前门有时用高级钥匙无法开门，当时没有在意。但使用了将近一年后发现故障频率更加频繁，而其他车门从来没有这种故障。

**诊断分析**

首先用 VAS6150B 对车辆进行了检查，检查结果是所有系统都工作正常。鉴于自诊断系统无故障存储，只能按工作原理进行分析排查。由于客户车辆只有右前门偶尔有问题且无故障存储，初步分析是右前门把手接触传感器 G416 工作不良。

### 排除过程

由于没有见到故障现象，一时无从下手。于是与客户达成共识，在使用过程中如果车辆出现这种故障现象，技术人员将第一时间到现场检查。在第二天客户反映故障再次出现，维修人员到现场后将手伸入右前门把手内，发现无开锁动作且双闪也不闪；在这种情况下车门自然也无法打开。

当尝试用其他车门时，可以顺利开锁。用其他车门开锁后，再次检查右前门开 / 闭锁情况，发现此时又可以正常工作。根据现场查看的情况分析，猜测是使用和授权天线单元 J723 没有收到右前门把手传感器 G416 的开门请求信号。尝试更换右前门把手，但客户使用一下午故障就再次出现。

由于故障频率加大，客户要求将车辆放在我站详细检查，一次性给排除故障。由于该故障的特殊情况，立即成立了技术攻关组对故障进行了分析。经分析认为可能有以下原因：①右侧使用和授权天线工作不良（右前和右后共用一根天线）；②高级钥匙使用和授权天线控制单元 J723 间歇性故障；③车辆因改装导致信号干扰；④右前门控制单元 J387 存在故障（高级钥匙闭时 E370 右前车门外把手中央门锁按钮的信号通过 J387 传输到舒适总线上）。

根据分析思路，首先检查了该车有无加装设备，检查发现该车没有加装任何电器设备。接着对调了左前门和右前门使用的授权天线，在车辆停放两个小时左右之后故障再次出现。依次替换了上述所有可疑部件，但故障仍没有排除，而且故障频率也比较频繁，只要上锁约半个小时就会出现上述故障现象。使用该车另外一把钥匙情况也一样，维修工作至此大家感觉很迷茫。

大家在反复验证故障现象时，仔细观察每一个细节，看能不能找到突破口。经观察发现钥匙装在裤子口袋里有时开门就不能开或是迟钝，但只要拿在手里几乎每次都可以开。在这个情况中拿在手里和口袋里唯一差别的是距离，难道是信号传输距离超过范围？将右前使用和授权天线 R135 人为放在右前门位置（该天线正常应该装在右后门内），再次试验发现仍然还是有时无法开锁。将 R135 至 J723 的线路直接跨接，故障还是没有排除。既然右侧使用和授权天线没有故障，那么会不会是信号回路中的另一个天线 R47 有故障？所有使用和授权天线都必须经过遥控器天线 R47 和 E415 后才能到达使用和授权控制单元 J518。

查阅维修手册，发现 R47 是集成在左侧后窗玻璃上（常说的三角玻璃，如图 22-7 所示），此时才发现当在右前门开锁时，钥匙所处的位置离 R47 确实是最远的。再次验证发现，每次将手放入右前门把手时，如果门锁能打开，则遥控器上的指示灯会闪一下；如果打不门锁，则指示灯会闪 3 ～ 4 次，说明当手放入右前门把手时 J723 已经收到信号并给钥匙发了一个激活信号，只是由于距离 R47 较远，信号无法成功传输至 J518，所以无法开锁。由于其他车门可以正常开闭，所以 R47 损坏的可能性很小。此车在购车后就进行了贴膜，而有的膜属于金属膜，对信号有一定的屏蔽作用，右前门距离 R47 最远，所以导致信号过弱，无法成功回传至 J518。更换左侧后窗玻璃，故障排除。

图 22-7　带 R47 的左后三角玻璃

🔑 专家提示

　　该车自购车起就贴膜，所以感觉是新车就一直有故障。该故障还有一个特点是当用其他门开 / 闭锁后，再用右前门则大部分时间故障不会出现。分析认为是当系统处于休息模式时，激活所需的信号要更强一些。

　　Q7 车型装配高级钥匙的很多，也大都贴膜了，为什么这辆车会有这种故障？分析认为有两种情况，一是太阳膜的材质不同，影响也不同；二是大部分车主在开门时会首先开驾驶员侧车门，故障就不容易被发现，而此车客户每天都要先开右前门将背包放在前排乘客座椅上，再开驾驶员车门。

## 案例 3　奥迪 A5 无钥匙进入与无钥匙起动功能失效

### 车辆信息

| | | |
|---|---|---|
| 车型：A5 2.0T | VIN：WAU9FD8T7GA****** | 发动机型号：CNC |
| 变速器型号：0CK | 行驶里程：25610km | 故障频率：一直 |

### 诊断分析

　　现场查看发现，将手伸入车门把手内，钥匙上的指示灯不闪烁。用诊断仪检查舒适系统 46 里有故障码 "B147412：左侧进入及起动许可天线 对正极短路"。根据引导型故障查询，需要检查左侧进入许可天线 R200 到 J393 的线路和插接器是否良好，相关电路图如图 22-8 所示。

　　断开进入许可天线 R200 的插接器，用万用表检查有 7V 左右电压。进一步断开车门与 B 柱处的插接器检查，此时发现 T27b 插接器有进水的痕迹。用压缩空气吹干水渍，删除故障码后无钥匙进入与起动功能恢复正常。

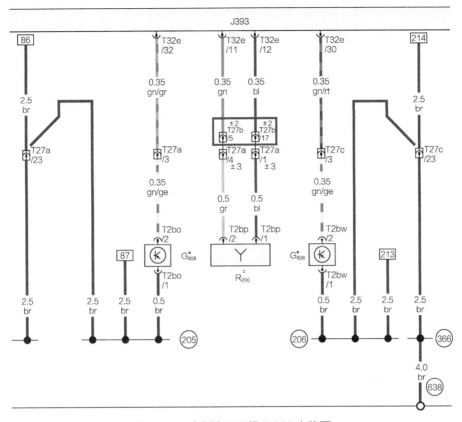

图 22-8　左侧许可天线 R200 电路图

**总　结**

　　由于左侧进入许可天线中间插接器没有锁止到位，导致在洗车时进水，进而产生短路故障；此时无钥匙相关功能进入故障模式，无法使用。

## 案例 4　大众尚酷无钥匙进入失效

**车辆信息**

| | | |
|---|---|---|
| 车型：尚酷 2.0T | **VIN**：WVWSR3132CV****** | 发动机型号：CDL |
| 变速器型号：02E | 行驶里程：32652km | 故障频率：一直 |

**诊断分析**

　　用诊断仪检查 05 驾驶员进入 / 起动认可系统控制单元内有故障码"B116F11：驾驶员侧进入及起动系统天线对地短路 主动 / 静态"（图 22-9）。根据该故障码的定义，故障原因最可能是驾驶员侧进入许可天线在线路方面存在对地短路的现象。

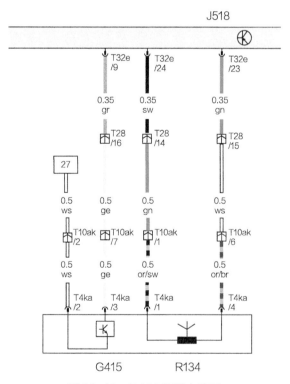

图 22-9　进入许可系统故障码

### 排除与总结

查阅电路图得知，驾驶员侧进入许可天线 R134 和驾驶员侧车外门把手接触传感器 G415 集成在左前门外把手内（图 22-10）。

图 22-10　R134 相关电路图

拆下门饰板检查，发现左前门和车内线束插接器 T32e 内有进水氧化的现象。用清洗剂清洗氧化物并用压缩空气吹干后，故障消除。

# 二十三　防盗系统故障诊断分析

## 故障现象定义

主要是指防盗系统之间的相互验证无法通过。此时可能出现的故障有电子转向柱锁无法开启、点火开关 15# 电源无法打开、发动机无法起动和变速器无法工作几类故障。

## 故障诊断分析流程

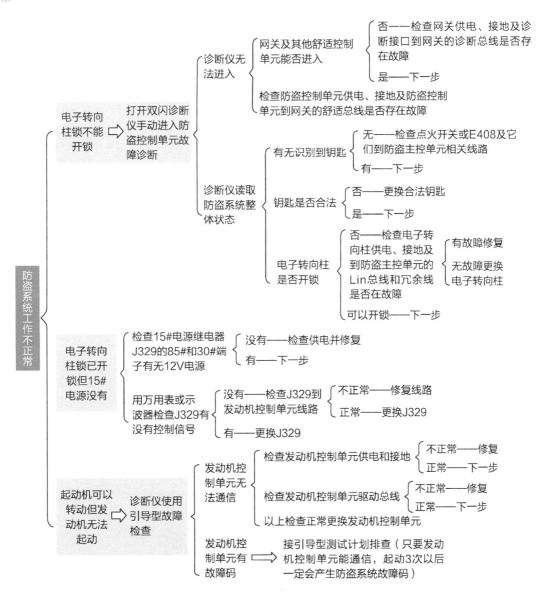

## 案例 1　奥迪 A6L–C7 无法起动

### 车辆信息

车型：C7 2.0T　　　　发动机型号：CDZA　　　　变速器型号：0AW

行驶里程：13854km　　**VIN**：LFV3A24G7D3\*\*\*\*\*\*　　故障频率：一直

### 故障现象

仪表提示"转向存在故障、请勿驾驶车辆"，发动机无法起动（图 23-1）。

图 23-1　仪表提示请勿驾驶车辆

### 诊断分析

用诊断仪检查网关列表无法通信（点火开关无法打开）。人工输入车辆信息并打开灯光开关几次，然后读取防盗系统 IMS 整体信息，发现可以识别到合法钥匙。该车装配第五代防盗系统，J393 是防盗系统主控单元，它通过高级钥匙天线或读识线圈 D2 识别钥匙的合法性（图 23-2）。如钥匙合法则和电子转向柱锁止控制单元 J764 进行信息验证；如 J764 合法则首先解锁转向柱，然后才能接通 15# 继电器 J329。通过多次按压起动开关 E408，发现转向柱并没有解锁的情况。综合上述检查分析，故障应该就在 J764 或 J764 相关线路上。

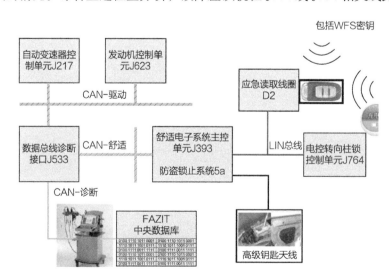

图 23-2　第五代防盗系统控制原理图

### 排除过程

为迅速排查是线路问题还是 J764 故障，决定先跨接 15# 继电器 J329，用诊断仪做进一步检查。跨接 J329 后，诊断仪查出 05 驾驶识别系统里有"VAG02811：ESL（电子转向柱锁）控制单元损坏—静态"、"VAG00288：转向柱锁止作动器损坏—静态"和"VAG02823：ESL 的锁止条件未满足　静态"三个故障码。根据以往维修经验分析，一般报控制单元损坏的故障码基本都是由控制单元自身损坏导致。根据引导型故障查询提示，更换 J764 后点火开关可以正常打开，车辆功能恢复正常。

> **专家提示**
>
> 该车 J764 的诊断是 J393 经过 LIN 线进行的，跨接 J329 后可以和 J764 进行通信，说明 J764 的线路不存在故障，所以本车在检修时没有进行常规检查 J764 相关线路。对于第五代防盗系统，在无法打开点火开关的情况下，读取防盗系统的 IMS 整体信息很关键；通过 IMS 的相关信息可以迅速将故障原因锁定，有效提高故障解决效率。

## 案例 2　奥迪 A6L-C7 贴膜后无法起动

**车辆信息**

| | | |
|---|---|---|
| 车型：C7 2.5L | 变速器型号：0AW | 发动机型号：CLX |
| 行驶里程：15768km | VIN：LFV5A24G1C3****** | |

### 诊断分析

客户反映该车开到美容店进行了贴膜，但贴膜结束后发现车辆无法起动。将故障车拖进服务站后验证故障，发现不仅点火开关无法打开，而且电子转向柱也无法解锁。

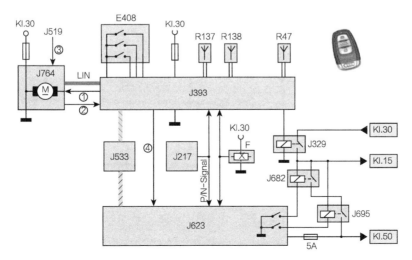

图 23-3　无钥匙起动控制流程

该车的无钥匙起动控制流程如下（图 23-3）：

1）按下起动 / 停止开关 E408，将客户需求发送给 J393。

2）J393 收到 E408 的请求后，起动无钥匙起动室内天线 R137 和 R138 搜索钥匙。

3）搜索到钥匙并激活钥匙信号，通过 R47 反馈给 J393。

4）J393 验证钥匙的合法性，如合法则通过 LIN 线和专用使能线向 J764 发出解锁信号。

5）J764 成功解锁后通过 LIN 线和另外一根专用使能线向 J393 反馈解锁成功。

6）J393 控制 15# 电源继电器 J329 接通，此时点火开关打开。

7）在上述条件满足的同时，如果变速器处于 P/N 位且制动踏板已踩下的前提下发动机起动。

根据上述原理我们可以看出，该车 J764 根本没有解锁。因此，可能导致本故障的原因有：①起动 / 停止开关 E408 信号没有正确给到 J393；②J393 没有搜索到合法钥匙；③J393 到 J764 的 LIN 线或使能线存在断路或短路现象；④J764 本身故障或供电搭铁故障；⑤J393 本身故障或供电搭铁故障。

### 解决措施

首先进入 05 起动许可系统读取数据流，发现 E408 三个开关信号均能正确到达 J393，读取 IMS 防盗系统总体状态，发现 J393 已经识别到合法钥匙；排除了是否能搜索到合法钥匙和 E408 请求信号问题。

因读取 IMS 时要求将钥匙贴在 D2 处，钥匙信号通过 D2 的 LIN 线传到 J393，而 J764 和 D2 共用一条 LIN 线，所以 LIN 发生故障的可能性已非常低。查阅电路图（图 23-4），检查 J764 和 J393 的供电和搭铁正常，排除了因电源问题导致控制单元无法正常工作。

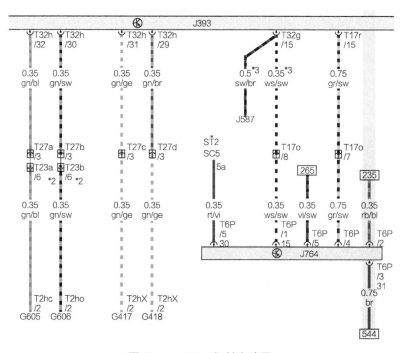

图 23-4  J764 相关电路图

此时故障集中在了 J764 和 J393 上，如何确定这两个控制单元是哪一个损坏呢？在跨接 15+ 电源做引导型故障查询时显示四门控制单元均不存在，四门控制单元 J386、J387、J388 和 J389 都是舒适系统的用户；而 J393 是舒适系统的主控单元，所以分析 J393 的损坏概率较大。更换 J393 并匹配钥匙后，车辆可以成功起动。

> 🔑 专家提示
>
> 　　该车在贴膜时 J393 进水损坏，但拆下故障车的 J393 并没有发现进水迹象。结合该车 J393 已不在原安装位置且安装支架也没有了的情况，猜测是美容店发现不能起动后拆检了 J393 并做了一些处理。奥迪 5a 防盗系统相对复杂，在不清楚其工作原理的情况下贸然检修往往很难找到故障的切入点。

## 案例 3　奥迪 A6L-C7 仪表一直提示转向锁定

**车辆信息**

| | | |
|---|---|---|
| 车型：C7 2.0T | 变速器型号：0AW | VIN：LFV3A24GXE3****** |
| 发动机型号：CDZ | 行驶里程：23203km | 故障频率：一直 |

**故障现象**

客户反映仪表一直提示"转向系统锁定，系统故障，请联系服务站"（图 23-5）。

图 23-5　仪表提示故障

**诊断分析**

首先验证故障，发现该车可以正常起动和熄火，而且方向盘也可以锁止和解锁，只有仪表提示转向锁定故障。用诊断仪检查 05 驾驶识别系统内有故障码"VAG03026：启用端子 15 对正极短路/静态"（图 23-6）。

地址：0005　系统名：05 - 驾驶识别系统　协议改版：KWP2000/TP20　（Ereignisse：1）

识别：
硬件零件号：　　　　　　4H0907064EQ
零件号：　　　　　　　　4H0907064FQ
硬件版本号：　　　　　　H36
软件版本号：　　　　　　0551
制造日期：
编码：

| 索引 | 字节 | 数值（十六进制） | 数值（二进制） |
|---|---|---|---|
| 1 | $ 1 | $ 01 | 00000001 |
| 2 | $ 2 | $ A8 | 10101000 |
| 3 | $ 3 | $ 30 | 00110000 |
| 4 | $ 4 | $ 46 | 01000110 |
| 5 | $ 5 | $ 00 | 00000000 |
| 6 | $ 6 | $ 00 | 00000000 |
| 7 | $ 7 | $ 00 | 00000000 |
| 8 | $ 8 | $ 00 | 00000000 |
| 9 | $ 9 | $ 00 | 00000000 |
| 10 | $ A | $ 00 | 00000000 |

编码：　　　　　　　　　01A83046000000000000
可擦写性：　　　　　　　未知
系统名称：　　　　　　　BCM2 2.0
目标数据库版本：　　　　0015
装备代码：　　　　　　　000000000000000F

故障存储器记录：

故障存储器记录
编号：　　　　　　　　　VAG03026：启用端子15
故障类型 1：　　　　　　对正极短路
故障类型 2：　　　　　　静态
标准环境条件：
日期：　　　　　　　　　16-6-25
时间：　　　　　　　　　0:08:54
里程（DTC）：　　　　　36200
优先等级：　　　　　　　2
频率计数器：　　　　　　1
遗忘计数器/驾驶周期：　212

图 23-6　防盗主控单元内的故障码

　　转向柱控制策略如下：转向柱锁止的前提条件是在两个 ELV 使能导线上识别到电源电压，也就是说当转向柱未锁止时，接线端 30 是一直连通到相应的 ELV 使能导线上的；如果舒适系统中央控制单元 J393 接收到"接线端 15"的请求信息，那么必须在接通接线端 15 之前检查转向柱是否成功松开（图 23-7）。

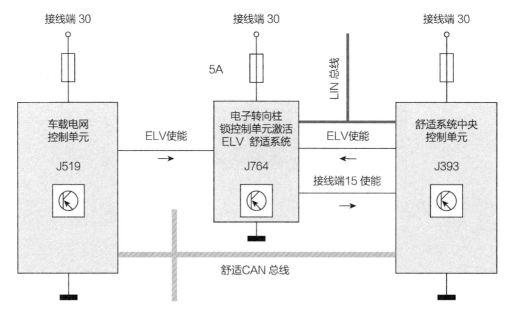

图 23-7　转向柱锁控制流程

具体控制流程如下：

1）到接线端 15 这样的请求信息后，舒适系统控制单元 J393 立即通过 LIN 总线向电子转向柱锁控制单元 J764 发出询问请求。

2）如果转向柱成功解锁，该信息将通过离散导线将"接线端　15 接通使能"传递给控制单元 J393。

3）在 ELV 非锁止期间，起动信号导线始终保持激活状态。

4）接收到允许指令后，舒适系统中央控制单元 J393 将控制接线端 15 的继电器接通。

此时故障码显示是起动端子 15（也就是 J764 到 J393 的 15 全能线）对正极短路；此端子正常情况在转向柱解锁后电压为 12V，在转向柱上锁后为 0V。

综上分析，引起该故障的可能原因只有以下 3 种：①15 号使能线存在对正极短路的地方；②J764 内部故障导致 15 号使能线一直有 12V 电压；③J393 内部故障导致误报警。

**排除过程**

查阅 J764 相关电路图（图 23-8），首先从 T17o 处断开 J764 到 J393 的使能线，测量其在关闭点火开关且转向柱已上锁的情况下到 J764 端线路电压仍为 12V，说明故障在此插接器到 J764 的 15 使能线对正短路或 J764 损坏，而与 J393 无关。接着从 J764 的 T6P 插接器上将 1 号端子 15 使能端子退出，再次测量发现关闭点火开关后此线路电压为 0V，说明故障是由于 J764 本身导致。更换 J764 并匹配防起动锁后故障消除（奥迪 C7 提供单独的 J764 控制单元，不需要更换转向柱总成）。

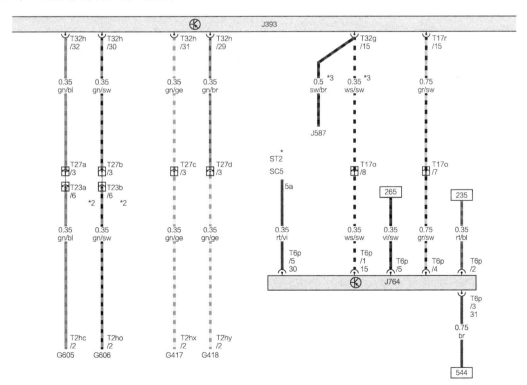

图 23-8　J764 相关电路图

**总 结**

此故障由于 J764 内部故障，导致 15 使能线一直为 12V；但其起动、熄火和转向柱锁止解锁正常。究其原因是 J519 和 J393 至 J764 的使能线正常，所以满足转向柱解锁和上锁功能；而 15 号电源能打开则是由于打开时 15 使能信号是 12V，电压正好满足，闭关 15 端子时控制单元是根据 E415 状态、制动踏板状态、变速器档位综合分析来决定的，与此端子信号关系不大。如果 15 使能线电压为 0V，则无法打开点火开关。

## 案例 4 奥迪 A6L–C6 行驶中熄火后无法再次起动

**车辆信息**

| | | |
|---|---|---|
| 车型：A6L 2.8L | **VIN**：LFV5A24F393****** | 变速器型号：01J |
| 发动机型号：CCE | 行驶里程：72653km | 故障频率：一直 |

### 诊断分析

现场跨接 15# 继电器后，显示"驱动总线用户都能到达"，但多个控制单元显示"15# 电源被强制接通"，发动机仍无法起动。根据上述检查结果分析，驱动总线并不存在短路和断路现象。故障原因应主要是防盗验证未通过，J518 不能接通 15# 继电器。

由于 15# 继电器直接由 J518 控制，当钥匙插入点火开关 S 档时，J518 首先通过 E415 对钥匙的合法性进行验证，只有 J518 通过了对钥匙的验证才打开转向柱；当点火开关位于 ON 档时，接通 15# 继电器。之后再通过驱动总线和发动机控制单元 J623 进行防盗验证，上述验证通过后才可以正常起动。现在 15# 继电器无法接通，故障应主要是 J518 防盗验证未通过（图 23-9）。

读取 05 数据块，发现钥匙已经识别并授权，但转向柱并没有解锁，检查 E415 至 J518 之间所有线路均无断路和短路现象。此时引起该故障的原因只剩下 J518 了，经更换 J518 并做了防盗匹配和部件保护后，车辆可以正常起动。

🔑 **专家提示**

对于行驶里程较多的车辆，出现打开点火开关 15# 电源无法接通时，应重点关注 J518。如果方便可以用另外几把钥匙进行试起动，如仍无法打开 15# 继电器，则检查点火开关到 J518 的线路。排除线路故障后可以对调点火开关。该车点火开关没有集成在防盗系统里面，可以找一台同等配置的车辆进行对换，而不需要做防盗匹配。通过上述几步，基本可以确定故障原因是不是由 J518 导致。

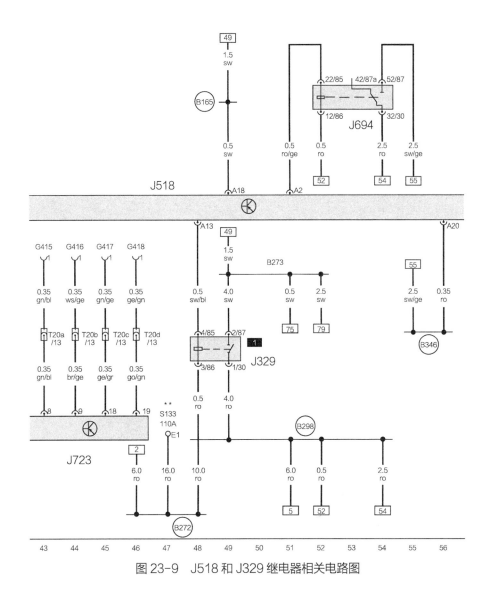

图 23-9 J518 和 J329 继电器相关电路图

## 案例 5 奥迪 A4L-B8 热车熄火后无法打开点火开关

**车辆信息**

| | | |
|---|---|---|
| 车型：A4L-B8 | 发动机型号：CDZ | 变速器型号：0AW |
| 行驶里程：12036km | VIN：LFV3A28K7B3****** | 故障频率：一直 |

### 诊断分析

该车热车 1h 左右熄火后无法打开点火开关，但放置大约 2h 后又可以重新打开点火开关，一切又恢复正常。诊断仪检测显示"无法到达"，跨接 15 号继电器后仪表仍显示为黑屏，读取数据块舒适总线都无法到达（图 23-10）。该车舒适系统用户如图 23-11 所示。

| 地址 | ID | 测量值 | | 值 |
|------|-----|--------|---|-----|
| 0019 | 1.1 | 端子15的电压 | | |
| 0019 | 1.2 | 端子30的电压 | | 14.5 |
| 0019 | 5.1 | 便捷系统CAN总线状态 | | 14.5 |
| 0019 | 130.1 | 舒适模式数据总线 | | K-CAN启用 |
| 0019 | 130.2 | 中央电气电子设备 | | 双线 |
| 0019 | 130.3 | 便利系统中央模块（地址46） | | 电子设备控制单元0 |
| 0019 | 130.4 | 空调系统 | | Central 0 |
| 0019 | 131.1 | 驾驶员侧车门电子设备 | | 空调0 |
| 0019 | 131.2 | 乘客侧车门电子设备 | | 驾驶员侧车门0 |
| 0019 | 131.3 | 左后车门电子设备 | | FP-door 0 |
| 0019 | 131.4 | 右后车门电子设备 | | Door rl 0 |
| 0019 | 132.1 | 驾驶员座椅调整 | | Door rr 0 |
| 0019 | 132.2 | 座椅调节（乘客侧） | | |
| 0019 | 133.1 | 转向柱开关模块 | | 方向盘电子设备0 |
| 0019 | 133.2 | 便利系统中央模块（地址5） | | 电子点火开关0 |
| 0019 | 133.3 | 折叠式顶篷控制 | | |

图23-10　舒适总线用户均无法到达

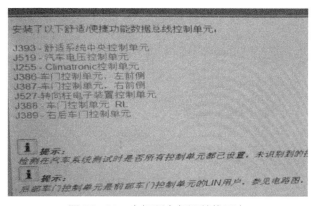

图23-11　车辆所有舒适总线用户

综合上述检查，可以看出15#继电器已经闭合；因为该车防盗主控单元是J393，而且点火开关E415和电子转向柱控制单元J764都是通过LIN线和冗余线与J393进行通信，所以可以识别出钥匙是合法的并且接通15#电源继电器J329。但由于舒适总线无法在网络上发送15#电源端打开的信息，所以仪表是黑屏的；同时起动请求信息也是先给了J393，然后通过舒适总线—网关—驱动总线再到达发动机控制单元J623，由发动机控制单元来控制起动继电器的接通。而舒适总线在发动机熄火后大约2h就可以正常工作，所以分析是舒适总线上某个控制单元热车后工作不稳定导致整个舒适总线无法到达。

### 故障排除

根据分析使用VAG1598/38CAN总线分离插头转用工具，依次断开除J393和J533外的所有舒适系统控制单元，结果仍然无法通信。此时认为故障可能在J393或J533之间，由于J393是防盗系统主控单元，替换或是更换需在线做钥匙匹配，比较麻烦；决定先替换J533网关。当拆掉前排乘客侧杂物箱后准备拆下J533时，发现该车加装了一套导航和倒车影像一体机，其倒车和转向信号是由J533和插接器之间加装了一个转接器，而将舒适总线接入加装的控制单元内。取掉该插接器后故障随之排除。

**专家提示**

由于该加装控制单元从 J533 插接器处并入舒适总线系统，所以用专用工具断开原车所有控制单元的舒适总线，故障并不能排除。现代车辆加装系统的很多信号也是直接从车载网络上提取，但由于其安装的隐蔽性和车辆在设计时并没有考虑相关因素，所以使用专用工具无法有效地进行确诊和分割。在排除类似故障时，应首先了解车主有无加装相关系统，如有则应先切断相关系统再做进一步诊断，否则会使诊断变得复杂化，进而降低维修效率。

## 案例 6　上汽大众帕萨特无法起动

### 车辆信息

| | | |
|---|---|---|
| **车型**：新帕萨特 1.8T | **VIN**：LSVCZ6A42FN****** | **发动机型号**：CEA |
| **行驶里程**：42035km | **故障频率**：一直 | |

### 诊断分析

现场检查发现无法打开 15# 电源，仪表提示找不到钥匙。尝试用诊断仪检查时发现诊断仪无法和车辆通信。进一步检查发现诊断接口 VAS5054 上的指示灯不亮，决定首先排查诊断接口没电的故障。根据电路图（图 23-12）查得 SC13 号熔丝为诊断插头、进入许可控制单元、车灯开关等用电器的供电，检查 SC13 号熔丝发现已经烧断。尝试更换一个熔丝后再次烧断，说明 SC13 相关供电系统中有对地短路的地方。全部断开 SC13 上的用电器，然后依次插回；当插回进入许可控制单元 J518 时熔丝再次烧断。至此确定是进入许可控制单元 J518 内部短路导致 SC13 熔丝烧断，同时由于 J518 损坏，车辆防盗无法验证，所以无法起动。

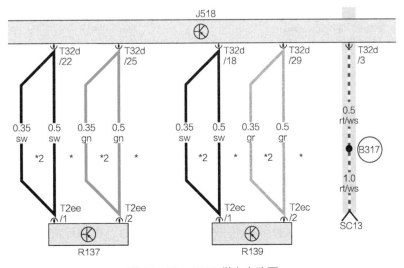

图 23-12　J518 供电电路图

**解决措施**

更换进入许可控制单元 J518，并重新匹配防起动锁后故障消除。

## 案例 7　一汽大众新宝来发动机无法起动

**车辆信息**

**车型**：宝来　1.4L　　　　　**VIN**：LFV2A215292******　　　　**发动机型号**：BWH

**行驶里程**：140650km　　　　**故障现象**：一直

**诊断分析**

用诊断仪检查在 25 防盗系统里有故障码"B104B31：钥匙没有信号　主动 / 静态"。用诊断仪在 25 防盗系统里读取发动机防盗锁止系统数据流，发现无法读取钥匙 ID 信息（图23-13）。

图 23-13　防盗系统没有识别到钥匙 ID 信息

引起无法识别钥匙 ID 信息的可能原因有：①钥匙损坏；②钥匙读识线圈或相关线路损坏；③防盗主控制单元 J285 损坏。查阅维修手册相关电路图（图 23-14），检查读识线圈电阻及相关线路均正常。尝试用其他车辆的钥匙读取钥匙 ID 信息，发现可以正确识别钥匙 ID 信息；但由于该钥匙不是本车钥匙，所以已匹配的钥匙和已授权的钥匙都显示 nein（不行）。

根据 VIN 订购原车钥匙并使用诊断仪做在线防盗匹配后，可以正常起动发动机。

　　对于类似故障，如有两把钥匙，可用其他钥匙来起动车辆。如能正常起动，则说明钥匙损坏；如不能，再按正常诊断流程进行检查分析。

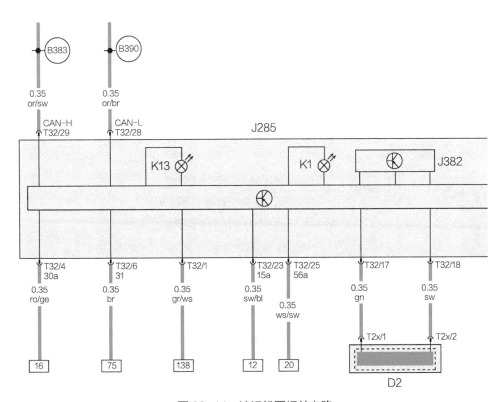

图 23-14　读识线圈相关电路

# 二十四　车载网络系统故障诊断分析

## 故障现象定义

　　光纤系统主要用在信息娱乐系统，前节我们已经叙述过，在这里我们主要分析除光纤（MOST）外的其他总线系统故障。故障主要表现为某一个或多个控制单元无法通信或报故障码"某总线系统故障"，包括断路、短路。

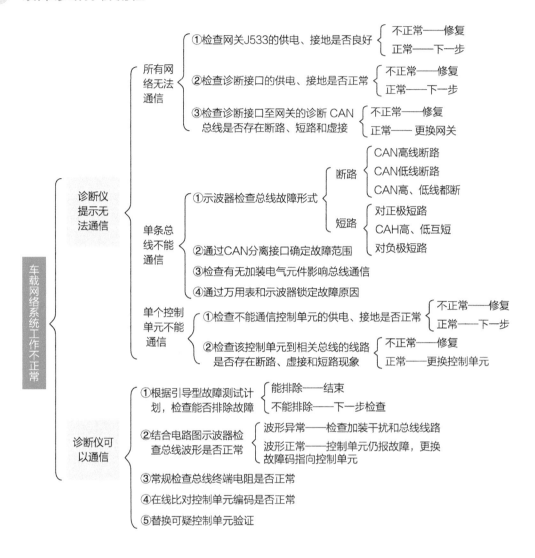

故障诊断分析流程

## 案例 1　奥迪 Q5 冷起动后变速器进入应急模式

**车辆信息**

车型：Q5 2.0T　　　　　　　发动机型号：CUHA　　　　　　变速器型号：0BK

VIN：LFV3B28R5G3******　　行驶里程：5056km　　　　　　故障频率：偶发多次

**诊断分析**

该车在正常更换左前翼子板和仪表台隔声棉后，在第二天早上起动后出现仪表中变速器和 EPC 报警。仪表提示变速器故障可继续驾驶，当前前进档只有 D3，如图 24-1 所示。

　　用诊断仪检查 02 变速器控制单元内有故障码
"U000100：驱动系数据总线　损坏　被动 / 偶发"，
发动机控制单元里有故障码"U010100：变速器控制
单元　无通信　被动 / 偶发"，如图 24-2 所示。该故
障重新熄火起动后故障即可消失，一天之内不会再出
现。根据引导型测试计划检查，检查结果是当前驱动
总线无故障。由于是偶发故障，在故障不出现时相关
系统工作是正常的，所以没有办法从引导型测试计划
中得到帮助。

图 24-1　仪表报警

地址: 0002 系统名: 02 - 变速箱电子设备（0BK Tiptronic）协议改版: UDS/ISOTP (Ereignisse: 1)

+ 识别：

- 故障存储器记录：

**故障存储器记录**
编号：
故障类型 2：
症状：　　　　　　　　　　　　　　　　　12512
状态：　　　　　　　　　　　　　　　　　00100100

- 标准环境条件：
　　日期：　　　　　　　　　　　　　　　18-5-23
　　时间：　　　　　　　　　　　　　　　7:29:21
　　里程（DTC）：　　　　　　　　　　　5047
　　优先等级：　　　　　　　　　　　　　2
　　频率计数器：　　　　　　　　　　　　22
　　遗忘计数器/驾驶周期：　　　　　　　 255

- 高级环境条件：
　　　　　　　　　　　　　　　　　　　　20 96 28 F4 42 33 D2 F4 0C 10 84 10 00
　　　　　　　　　　　　　　　　　　　　00 7F 10 05 00 00 21 02 0F D8 21 03 00
　　动态环境数据　　　　　　　　　　　　00 21 04 41 21 0E 00 03 00 00 2A EE 10
　　　　　　　　　　　　　　　　　　　　2D 80 1E 10 34 00 10 10 3B FF

　　根据 OBD 的未学习计数器　　　　　　40
　　端子 30 电压　　　　　　　　　　　　13.266　　　　　　　V
　　发动机转速　　　　　　　　　　　　　1057　　　　　　　 rpm

U000100：驱动系数据总线 损坏
被动/偶发

图 24-2　变速器控制单元内的故障码

　　从故障码出现的时机来看，变速器总是先于其他控制单元报故障码"驱动系数据总
线　损坏"，之后其他控制单元才会报"变速器控制单元无通信"。从这一点来分析，变速
器的供电和搭铁不应该存在问题，重点可能是驱动总线存在虚接或间歇性断路，或者是变速
器控制单元本身存在质量问题。

▶ 排除过程

　　基于上面的分析，维修人员检查了变速器 J217 到网关 J533 的所有插接器，并重新处理
了相关针脚；但故障在第二天早上仍然出现。维修技师在没有更好的思路的情况下寻求支持，
重新整理思路，感觉之前诊断思路也没有问题。

　　询问客户得知，在之前的使用中一直没有这个故障现象，本次更换左前翼子板和仪表台
隔声垫后故障就出现了。根据客户描述并结合故障现象，分析认为是本次维修拆装不当，导
致线束受到挤压。在对本次拆装过的所有项目重新检查过程中，发现在仪表台左侧，仪表台
内的线束（该线束去往网关）被挤压在仪表台架和车身之间。线束内有很多线都被压扁，且

驱动总线绝缘层也被压破（图 24-3、图 24-4）。将该线束重新修复，故障彻底排除。

图 24-3　线束挤压位置

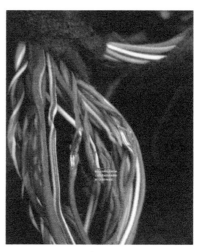

图 24-4　线束受损情况

专家小贴士

　　本故障是典型的人为操作不当所致，驱动总线被挤压和搭铁之间形成偶发性短路。该车线束虽然被压，但内部铜丝并没有断裂的情况。奇怪的是驱动总线属于星形接法，但整个驱动总线没有失效，而且发动机在第二次重新起动后，故障一天不再出现。分析认为是发动机起动时车身振动较大，更容易减小短路接触电阻，使总线发生异常。

## 案例 2　奥迪 A6L-C7 行驶中仪表突然黑屏

**车辆信息**

车型：奥迪 C7　2.5L　　　　行驶里程：172865km　　　　发动型号：CLXA

变速器型号：0AW　　　　　VIN：LFV5A24G4D3******　　故障频率：偶发

### 诊断分析

　　客户反映有时行驶过程中仪表突然黑屏，重新开闭点火开关后故障消失。维修技师用诊断仪检查多个控制单元内有图 24-5 所示故障码记录。

　　根据诊断仪引导型测试计划进行检查，由于偶发故障检查均显示各控制单元通信正常，无法找到故障原因。维修技师根据故障码检查了仪表 J285、转向柱控制单元 J527、空调 J255 和网关 J533 之间的数据总线和插接器，没有发现明显故障现象。但客户抱怨很大，要求一次解决故障，在这种情况下笔者介入了诊断分析。

　　首先笔者详细梳理了故障诊断报告，得出以下有效信息：①发动机、变速器、网关等多个控制单元报出仪表 J285、转向柱控制单元 J527 和空调 J255 失去通信的故障码；②和网关无法通信的这几个控制单元自己报故障码"U10AA00：数据总线显示／操作　损坏被动偶发"；③这几个控制单元无法通信时前后时间相差 1s，可以说完全一致（根据控制策略时间响应不一致）；④故障频率是 11 次，说明故障真实存在；⑤诊断报告中没有倒车影像控制单元 6C 地址码，也就是说系统认为 6C 在本车不存在。

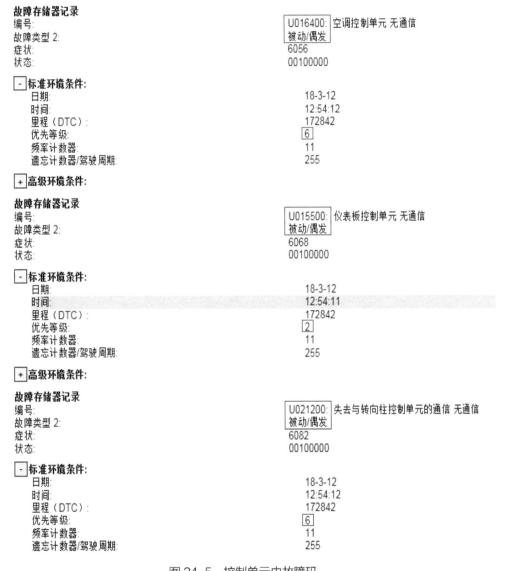

图 24-5　控制单元内故障码

接着查阅了该车的网络拓扑图，发现 J285、J527、J255、J772、J446 同属于显示和操作 CAN（图 24-6）。

查阅相关电路图可知 J285、J527 和 J255 共用位于中央通道右侧的 45 号搭铁点，如图 24-7、图 24-8 所示。

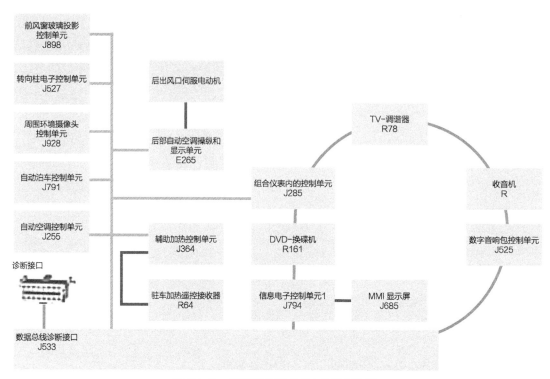

图 24-6　显示和操作 CAN 总线拓扑图

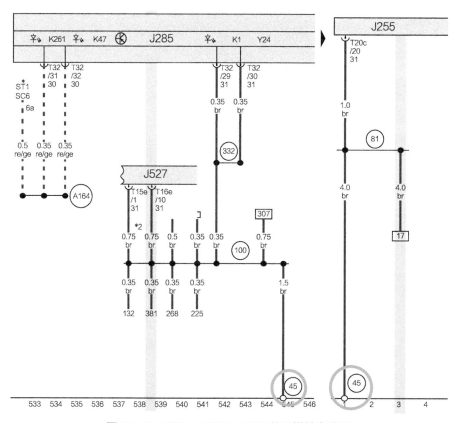

图 24-7　J285、J527、J255 共用搭铁电路图

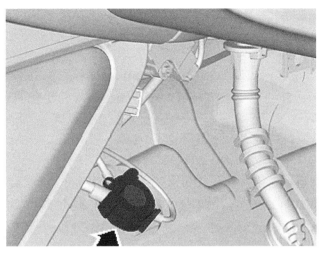

图 24-8　45 号接地点位置

根据上述条件综合分析认为是某个控制单元突然发生故障，导致显示和操作 CAN 总线所有用户都无法进行通信。鉴于 J285/J527/J255 共用一个搭铁点，如该搭铁点存在松动现象，可能导致多个控制单元无法通信。首先应检查该搭铁点是否可靠有效；其次，倒车影像控制单元 J772 在诊断报告中没有显示相关信息，根据以往经验不是整车没有装备该控制单元就是控制单元本身损坏；应重点检查该控制单元是否有进水氧化，或者替换验证该控制单元的有效性。

检查位于仪表台中央右侧搭铁点，发现该搭铁点接触可靠，没有虚接现象。接着检查位于行李舱右侧的倒车影像控制单元，此时发现该车倒车影像控制单元并没有在此处安装。进一步检查发现在驻车辅助控制单元 J446 上有转接插接器，且与该车倒车影像摄像头线路并联在一起（图 24-9）。原来此车倒车影像为加装件，加装的控制单元从 J446 的转插器处获得电源；并且该倒车影像控制单元通过 J446 并入显示和操作 CAN 总线内。拆除该控制单元后，客户经过三个月试车，故障没有再出现，确认故障排除。

图 24-9　J446 处转接插接器

🔧 专家提示

偶发故障存在一定排除的难度，排除时首先要把基础检查工作做细做精，其次对于多个控制单元无法通信（多个故障），应重点找相关控制单元之间有什么共同联系点，最后要清楚控制单元、电器元件出现线路虚接故障时的特点，这样才能有针对性地进行检查或尝试性措施。只有不断积累和总结各种案例，才能提高一次修复率。

## 案例 3　奥迪 A8L–D4 天窗无法动作

**车辆信息**

车型：D4 3.0T　　　　VIN：WAURGB4H5DN******　　发动机型号：CGW
变速器型号：0BK　　　行驶里程：173543km　　　故障频率：一直

### 诊断分析

用诊断仪检查舒适系统控制单元 J393 内有故障码"连接 3（LIN 总线）断路对地短路"，初步分析是天窗控制单元 J245 与舒适系统主控单元 J393 之间的 LIN 线存在断路或短路。查阅相关电路图，天窗控制单元 J245 与 J393 之间的电路如图 24-10 所示。

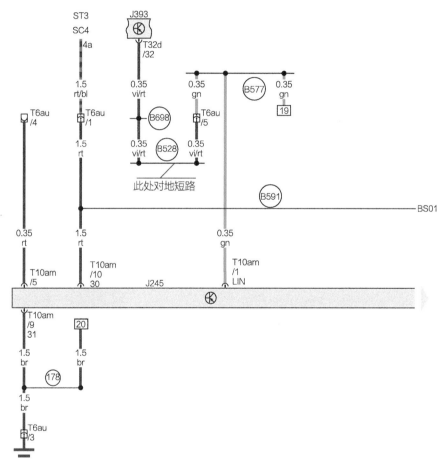

图 24-10　天窗控制单元 J245 与舒适系统主控单元 J393 的 LIN 总线

### 排除与总结

测量 J245 与 J393 两节点之间的 LIN 线电阻为 0Ω，说明没有断路；进一步检查该线路与车身的电阻也为 0Ω，说明该线路对地搭铁。从电路图可知 J393 到 J245 之间只有 T6au 一个节点，把该节点断开，LIN 对地电阻仍为 0Ω，说明该故障点是从 T6au 到 J393 之间的

LIN 总线有问题。进一步检查发现，在 T6au 处的 LIN 线破皮搭铁，修复线束后故障排除。

# 二十五　电动行李舱盖故障诊断分析

### 故障现象定义

　　电动行李舱功能不正常指的是电动行李舱盖不能动作、电动行李舱盖不能打开、电动行李舱盖不能关闭和电动行李舱脚踢功能不能使用等。

### 故障诊断分析流程

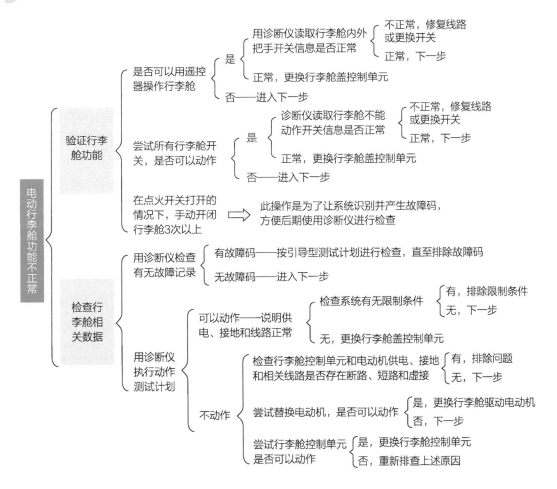

# 案例 1　奥迪 A8L-D5 电动行李舱盖无法关闭

## 车辆信息

| | | |
|---|---|---|
| **车型**：A8L-D5 | **发动机型号**：CZSE | **VIN**：WAURGEF86JN****** |
| **变速器型号**：0D5 | **行驶里程**：6596km | **故障频率**：一直 |

## 故障现象

客户反映电动开启行李舱盖时，得操作两次才能完全打开，而关闭行李舱盖时无法电动关闭。

## 诊断分析

用诊断仪检查 6D 行李舱盖电子控制单元内无相关故障码，试车时发现无论怎么按电动行李舱盖开关，行李舱盖均无法向下关闭。初步分析是某个传感器或开关的数据不正常，导致行李舱功能异常。读取数据块信息，发现行李舱盖锁在打开时的数据如图 25-1 所示。

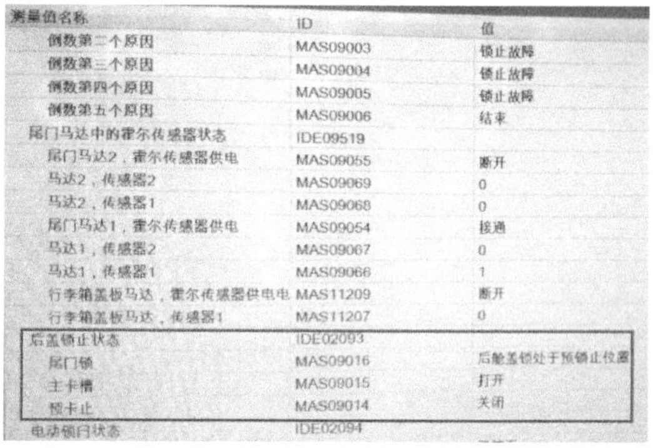

| 测量值名称 | ID | 值 |
|---|---|---|
| 倒数第二个原因 | MAS09003 | 锁止故障 |
| 倒数第三个原因 | MAS09004 | 锁止故障 |
| 倒数第四个原因 | MAS09005 | 锁止故障 |
| 倒数第五个原因 | MAS09006 | 结束 |
| 尾门马达中的霍尔传感器状态 | IDE09519 | |
| 尾门马达2，霍尔传感器供电 | MAS09055 | 断开 |
| 马达2，传感器2 | MAS09069 | 0 |
| 马达2，传感器1 | MAS09068 | 0 |
| 尾门马达1，霍尔传感器供电 | MAS09054 | 接通 |
| 马达1，传感器2 | MAS09067 | 0 |
| 马达1，传感器1 | MAS09066 | 1 |
| 行李箱盖板马达，霍尔传感器供电电 | MAS11209 | 断开 |
| 行李箱盖板马达，传感器1 | MAS11207 | 0 |
| 后盖锁止状态 | IDE02093 | |
| 尾门锁 | MAS09016 | 后舱盖锁处于预锁止位置 |
| 主卡槽 | MAS09015 | 打开 |
| 预卡止 | MAS09014 | 关闭 |
| 电动锁闩状态 | IDE02094 | |

图 25-1　打开行李舱盖时数据块显示

经过对比正常车，发现后盖锁止状态在打开行李舱盖后，尾门锁、主卡槽和预卡止状态均显示为打开（图 25-2）；关闭行李舱后这 3 个开关均显示为关闭（图 25-3）。查阅电路图得知，VX25 行李舱闭锁单元集成有闭锁电动机、F111 行李舱盖接触开关和 F443 止动爪接触开关（图 25-4）。从数据可知，F111 开关提供数据为尾门锁和预卡止信号，F443 是主卡槽开关信号。

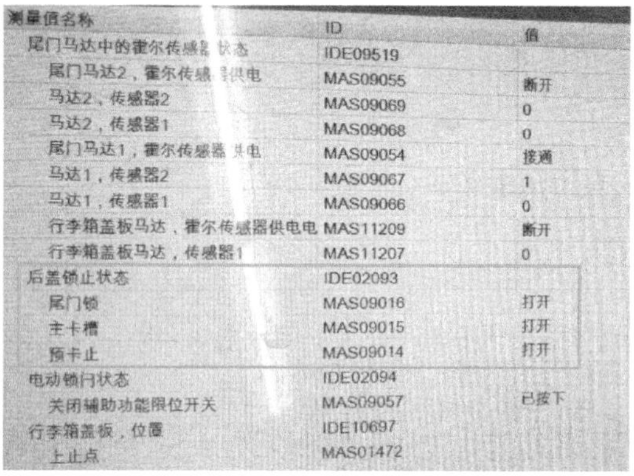

| 测量值名称 | ID | 值 |
|---|---|---|
| 尾门马达中的霍尔传感器状态 | IDE09519 | |
| 尾门马达2，霍尔传感器供电 | MAS09055 | 断开 |
| 马达2，传感器2 | MAS09069 | 0 |
| 马达2，传感器1 | MAS09068 | 0 |
| 尾门马达1，霍尔传感器供电 | MAS09054 | 接通 |
| 马达1，传感器2 | MAS09067 | 1 |
| 马达1，传感器1 | MAS09066 | 0 |
| 行李箱盖板马达，霍尔传感器供电电 | MAS11209 | 断开 |
| 行李箱盖板马达，传感器1 | MAS11207 | 0 |
| 后盖锁止状态 | IDE02093 | |
| 尾门锁 | MAS09016 | 打开 |
| 主卡槽 | MAS09015 | 打开 |
| 预卡止 | MAS09014 | 打开 |
| 电动锁闩状态 | IDE02094 | |
| 关闭辅助功能限位开关 | MAS09057 | 已按下 |
| 行李箱盖板，位置 | IDE10697 | |
| 上止点 | MAS01472 | |

图 25-2　正常车行李舱盖打开数据

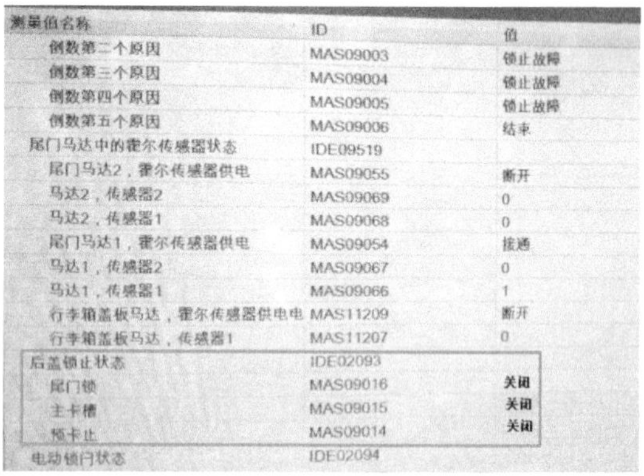

| 测量值名称 | ID | 值 |
|---|---|---|
| 倒数第二个原因 | MAS09003 | 锁止故障 |
| 倒数第三个原因 | MAS09004 | 锁止故障 |
| 倒数第四个原因 | MAS09005 | 锁止故障 |
| 倒数第五个原因 | MAS09006 | 结束 |
| 尾门马达中的霍尔传感器状态 | IDE09519 | |
| 尾门马达2，霍尔传感器供电 | MAS09055 | 断开 |
| 马达2，传感器2 | MAS09069 | 0 |
| 马达2，传感器1 | MAS09068 | 0 |
| 尾门马达1，霍尔传感器供电 | MAS09054 | 接通 |
| 马达1，传感器2 | MAS09067 | 0 |
| 马达1，传感器1 | MAS09066 | 1 |
| 行李箱盖板马达，霍尔传感器供电电 | MAS11209 | 断开 |
| 行李箱盖板马达，传感器1 | MAS11207 | 0 |
| 后盖锁止状态 | IDE02093 | |
| 尾门锁 | MAS09016 | 关闭 |
| 主卡槽 | MAS09015 | 关闭 |
| 预卡止 | MAS09014 | 关闭 |
| 电动锁闩状态 | IDE02094 | |

图 25-3　正常车行李舱盖关闭后数据

## 故障解决

由于传感器集成在行李舱闭锁控制单元内，所以更换行李舱闭锁控制单元，故障排除。

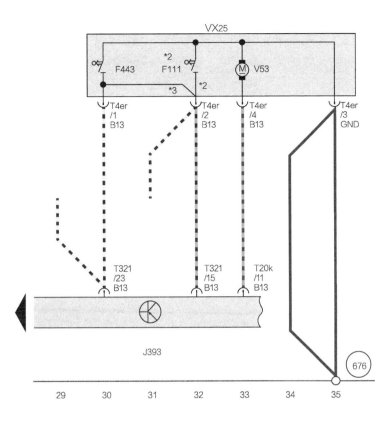

图 25-4　行李舱闭锁单元电路图

🔧 专家提示

由于 F111 开关失效导致行李舱打开时显示处于预关闭状态，此时应该是门触开关刚闭合；这种工况下应该是辅助关闭电动机 V382 动作将车门吸回，彻底关闭。在门触开关处于预锁止位置时，按下行李舱关闭按钮，控制单元不会采纳相关请求。对于无故障码存储的故障，相当一部分技师无从下手，建议大家从最基本的控制策略和数据块对比来找到故障原因。

## 案例 2　奥迪 A8L–D4 行李舱盖无法电动开闭

### 车辆信息

发动型号：CMD　　　　　　VIN：WAURGB4H5CN******　　变速器型号：0BK

行驶里程：6532km　　　　　故障频率：一直

### 🔹 故障现象

车辆在一次亏电无法起动后，出现行李舱盖无法电动开闭的故障。

### 诊断分析

用诊断仪检查行李舱控制单元 J605 无故障记忆，读取行李舱开启按钮开关和关闭按钮开关信息，显示控制单元能正常接收信号。读取行李舱控制单元相关数据流，如图 25-5 和图 25-6 所示。

| 通道列 | ID | 测量值 | 数值 |
|---|---|---|---|
| 6D | IDE02011 | 尾门马达1、电流 | |
| 6D | IDE04718 | 后盖马达1、速度 | 0.00 |
| 6D | IDE01991 | 尾门马达1、状态 | 0 |
| 6D | IDE02102 | 尾门马达1、电压 | 未激活 |
| 6D | OCMAS77210 | 按下按钮/尾门中的尾门释放按钮 | 2.38 |
| 6D | OCMAS77212 | 按下按钮/行李箱中的尾门关闭按钮 | 未开动 |
| 6D | OCMAS77211 | 按下按钮/尾门遥控释放按钮 | 未开动 |
| 6D | OCMAS77209 | 按下按钮/遥控钥匙中尾门释放按钮 | 未开动 |
| 6D | IDE02094 | 电动锁门状态 | 未开动 |
| 6D | IDE02092 | 尾门状态 | 缩回 |
| 6D | IDE02093 | 后盖锁门状态 | 未限定 |
| 6D | IDE02072 | 侧仰角度 | 关闭 |
| 6D | OCMAS77206 | 用于位置检测的霍尔传感器/尾门控制单元中的马达、传感器1 | -1 |
| 6D | OCMAS77207 | 用于位置检测的霍尔传感器/尾门控制单元中的马达、传感器2 | 未开动 |
| 6D | IDE02097 | 位置传感器1 | 776 |
| 6D | IDE02019 | 位置可编程开启止动位 | 98 |
| 6D | IDE02018 | 后盖绝对位置 | 776 |
| 6D | IDE02017 | 后盖相对位置 | 5 |
| 6D | IDE02073 | 倾侧角 | 未执行基本设置 |
| 6D | IDE02775 | 基本设置数据状态 | 正常 |
| 6D | IDE02100 | 传感器1状态 | |

图 25-5　行李舱关闭数据

| 通道列 | ID | 测量值 | 数值 |
|---|---|---|---|
| 6D | IDE02011 | 尾门马达1、电流 | |
| 6D | IDE04718 | 后盖马达1、速度 | 0.00 |
| 6D | IDE01991 | 尾门马达1、状态 | 0 |
| 6D | IDE02102 | 尾门马达1、电压 | 未激活 |
| 6D | OCMAS77210 | 按下按钮/尾门中的尾门释放按钮 | 2.36 |
| 6D | OCMAS77212 | 按下按钮/行李箱中的尾门关闭按钮 | 未开动 |
| 6D | OCMAS77211 | 按下按钮/尾门遥控释放按钮 | 未开动 |
| 6D | OCMAS77209 | 按下按钮/遥控钥匙中尾门释放按钮 | 未开动 |
| 6D | IDE02094 | 电动锁门状态 | 伸出 |
| 6D | IDE02092 | 尾门状态 | 未限定 |
| 6D | IDE02093 | 后盖锁门状态 | 打开 |
| 6D | IDE02072 | 侧仰角度 | -1 |
| 6D | OCMAS77206 | 用于位置检测的霍尔传感器/尾门控制单元中的马达、传感器1 | 未开动 |
| 6D | OCMAS77207 | 用于位置检测的霍尔传感器/尾门控制单元中的马达、传感器2 | 已爬下 |
| 6D | IDE02097 | 位置传感器1 | 1359 |
| 6D | IDE02019 | 位置可编程开启止动位 | 96 |
| 6D | IDE02018 | 后盖绝对位置 | 1359 |
| 6D | IDE02017 | 后盖相对位置 | 84 |
| 6D | IDE02073 | 倾侧角 | |
| 6D | IDE02775 | 基本设置数据状态 | 未执行基本设置 |
| 6D | IDE02100 | 传感器1状态 | 正常 |

图 25-6　行李舱打开数据

从数据流看，尾门状态为"未限定"，尾门状态由集成在 V444 行李舱驱动电动机内的 G525 和 G526 监测；而行李舱盖在关闭和打开过程中任一位置，传感器都可以实时显示当前行李舱盖高度。

初步分析故障可能原因是：①行李舱驱动电动机故障；②行李舱控制单元 J605 内数据丢失，导致 J605 不清楚当行李舱盖位置处于哪个数据时是打开还是关闭状态。

### 排除过程

试替换行李舱驱动电动机总成（含传感器 G525、G526），故障现象仍和原来一样；更换 J605 后故障消除。再次读取数据流，如图 25-7 和图 25-8 所示。

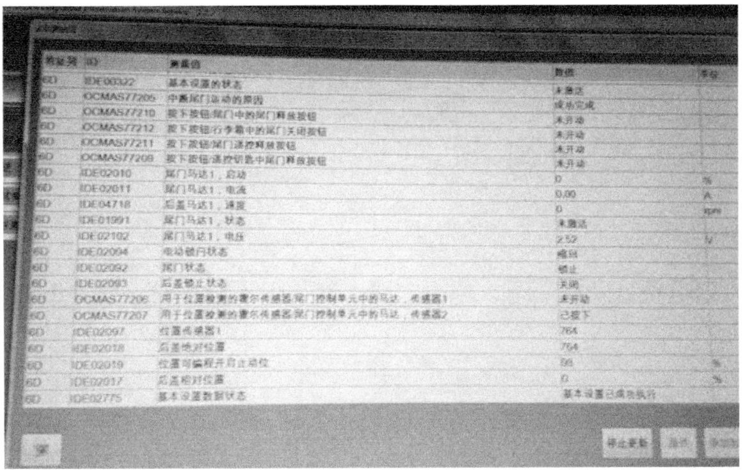

图 25-7　正常行李舱关闭数据

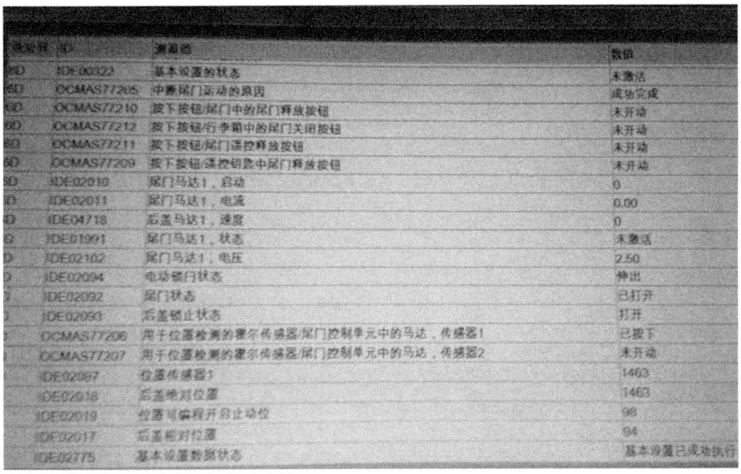

图 25-8　正常行李舱打开数据

🔑 专家提示

　　该车由于整车亏电导致行李舱控制单元 J605 部分数据丢失，在维修过程中也尝试做基本设置，但均无法完成。在做执行元件诊断时，诊断仪提示"尾门处于未定义 / 未知状态"而自动中断，所以解决尾门状态为首要突破口。由于控制单元替换涉及软件版本、编码等内容，相对比较麻烦，所以采用先替换执行元件的方法来验证故障原因。本故障既没有硬件损坏，也没有相关故障记忆，在确定故障原因之前熟悉掌握电动行李舱控制相关原理就能事半功倍。在维修高端车时，尽量要不间断电源作业，避免一些因电源中断而引起的特殊故障。

## 案例 3　奥迪 Q5 行李舱不能自动关紧上锁

**车辆信息**

车型：Q5 2.0T　　　　　　　VIN：LFV3B28R6G3\*\*\*\*\*\*　　　　发动机型号：CUH

行驶里程：34369km　　　　　变速器型号：0BK　　　　　　故障频率：一直

### 故障现象

行李舱盖可以电动打开或落下，但行李舱盖落下后不会自动关紧并上锁。

### 诊断分析

现场验证故障，发现故障现象与客户描述一致，用诊断仪检查舒适系统控制单元 46 里有图 25-9 所示故障码。

地址: 0046 系统名: 46 - 带有ATA的舒适系统中央模块 协议改版: KWP2000/TP20 (Ereignisse: 3)

[+] 识别：

[-] 故障存储器记录：

　　故障存储器记录
　　编号：　　　　　　　　　　　　　　　　　　VAG02202: 行李舱关闭辅助设备，位置锁止
　　故障类型 1：　　　　　　　　　　　　　　　不可信信号
　　故障类型 2：　　　　　　　　　　　　　　　静态

　　[+] 标准环境条件：

　　故障存储器记录
　　编号：　　　　　　　　　　　　　　　　　　VAG02915: 行李舱盖关闭传感器2
　　故障类型 1：　　　　　　　　　　　　　　　断路/对正极短路
　　故障类型 2：　　　　　　　　　　　　　　　静态

　　[+] 标准环境条件：

　　故障存储器记录
　　编号：　　　　　　　　　　　　　　　　　　VAG02914: 行李舱盖关闭传感器1
　　故障类型 1：　　　　　　　　　　　　　　　断路/对正极短路
　　故障类型 2：　　　　　　　　　　　　　　　静态

图 25-9　舒适系统里的故障码

查阅电路图得知，行李舱盖关闭辅助电动机和两个位置传感器集成在一起，并且通过专线和舒适系统主控单元 J393 连接在一起（图 25-10）。

用万用表检查行李舱关闭辅助电动机与传感器到 J393 的线路，没有断路、短路和虚接现象；判断为行李舱关闭辅助单元内部故障，导致传感器对正极短路。

### 排除与总结

更换行李舱辅助关闭电动机总成后故障排除。该故障是行李舱辅助关闭电动机位置传感器损坏，导致系统无法判定当前行李舱的具体状态，所以无法执行上锁和关紧功能。

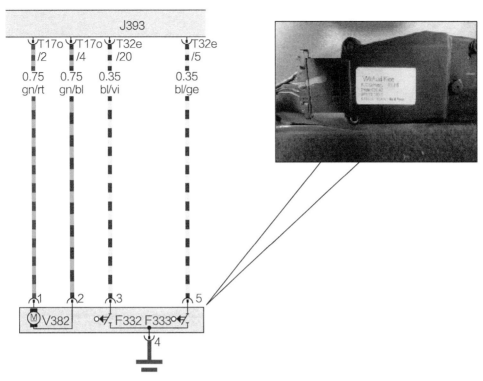

图 25-10　行李舱关闭辅助电动机与传感器电路图

## 案例 4　奥迪 Q3 电动行李舱盖无法正常工作

**车辆信息**

| | | |
|---|---|---|
| 车型：Q3 1.4T | VIN：LFV2B28U9J3****** | 变速器型号：0BH |
| 发动机型号：CSS | 行驶里程：8642km | 故障频率：一直 |

**诊断分析**

用诊断仪检查行李舱盖控制单元 6D 里有故障码"B121102：后舱盖电动机 1 的霍尔式传感器信号 故障"和"B11D913：后舱盖电动机 1 断路"。查阅电路图（图 25-11），后舱盖电动机经过插接器后直接由 J605 控制；而且我们也可以看出后舱盖的霍尔式传感器和电动机集成为一体。

根据引导型故障检测计划提示，检查 J605 至 V444 和 G745 之间线路没有断路、虚接和短路现象。诊断仪提示故障可能是行李舱控制单元 J605 或是后舱盖驱动电动机 1 V444，为确定是电动机损还是控制单元损坏，又测量了 V444 的电阻为无穷大；而右侧 V445 的电阻为 3Ω，据此判定是左侧电动机（后舱盖电动机 1）存在故障。更换 V444 并用诊断仪做了基本设置，行李舱功能恢复正常。

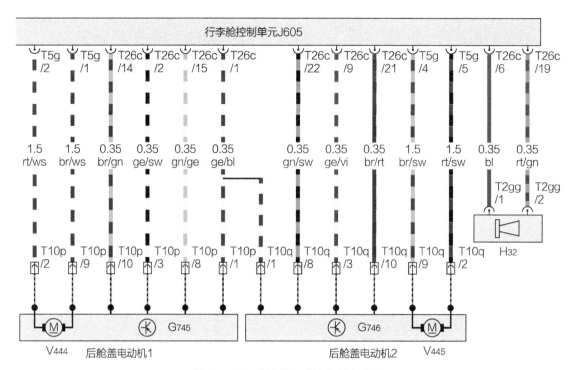

图 25-11　后舱盖电动机相关电路图

---

🔑 专家小贴士

　　对于该故障，根据诊断仪提示基本就可以锁定故障原因，最后在确定是哪一个元件损坏时，结合常规检查从而一次找到故障原因，有效地缩短了维修时长。

## 案例 5　奥迪 Q5 行李舱盖有时无法关闭

### 车辆信息

| | | |
|---|---|---|
| 车型：Q5 2.0T | **VIN**：LFV3B28R5G3****** | 发动机型号：CUH |
| 行驶里程：56213km | 变速器型号：0BK | 故障频率：偶发 |

### ▶ 诊断分析

　　首先验证故障，反复多次开闭行李舱盖后，发现行李舱出现无法关闭的故障现象。用诊断仪检查相关系统没有故障码存储记录。用诊断仪读取数据块，发现当按下后盖上锁按钮 E406 时，J605 可以接收到相关请求信号，说明 E406 本身及 E406 到 J605 的线路正常。用诊断仪进行动作测试时，发现行李舱盖可以关下来，但不会进行关紧动作。正常情况下行李舱盖关下后，辅助关闭电动机会自动关紧行李舱盖。读取行李舱盖辅助关紧开关数据，如图 25-12 所示。

| 锁止1状态 | 打开 | 12.1 |
| 锁止2状态 | 打开 | 12.2 |
| 关闭辅助状态 | 缩回 | 12.3 |

图25-12　辅助关紧显示已经拉紧

正常情况下，行李舱盖打开，辅助关紧开关应显为打开；关闭辅助状态为伸出（图25-13）。

| 锁止1状态 | 打开 | 12.1 |
| 锁止2状态 | 打开 | 12.2 |
| 关闭辅助状态 | 伸出 | 12.3 |

图25-13　正常辅助关紧装置的数据

根据行李舱盖控制策略，当行李舱盖打开时，J393接收到行李舱盖锁块中的接触开关F124的接通信号；然后J393控制辅助关闭电动机V382伸出。当故障出现时，数据显示F124处于断开状态，也就是行李舱锁处于上锁状态。查阅电路图（图25-14），并人为短接F124后，行李舱盖可以下降并关紧。更换行李舱盖锁块总成，经反复开关行李舱，确认故障排除。

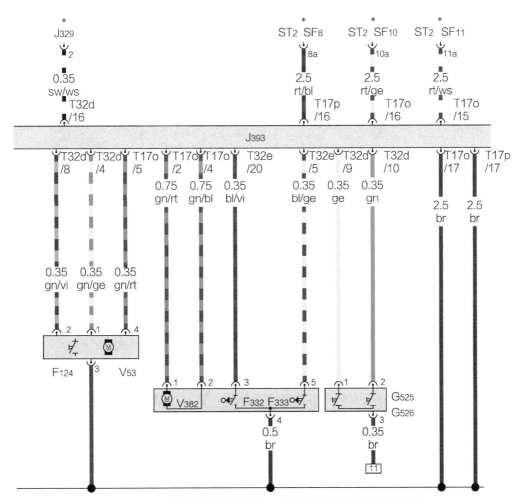

图25-14　行李舱锁接触开关F124与辅助拉紧装置电路图

---

**专家提示**

本故障由于行李舱锁块内的接触开关 **F124** 存在间歇性工作不良，导致舒适系统主控单元 **J393** 认为行李舱处于锁止状态，所以此时行李舱盖不能下降且辅助拉紧装置为缩回状态。

---

## 案例6　上汽大众帕萨特行李舱盖经常自动打开

**车辆信息**

| | | |
|---|---|---|
| **车型**：帕萨特 1.8T | **VIN**：LSVCH6A48DN****** | **发动机型号**：CEA |
| **变速器型号**：DQ200 | **行驶里程**：58423km | **故障频率**：经常 |

### 诊断分析

现场检查发现，有时在起动时行李舱盖就自动打开了，用诊断仪检查相关系统没有故障码，人为操作行李舱开关功能均正常。出现行李舱盖自动开启的原因有：①J519 收到行李舱盖开启信号；②主控单元 J519 控制逻辑错误；③左前门主控单元 J386 控制逻辑错误。

接好诊断仪，在起动时读取行李舱相关按键数据流，发现在起动时行李舱外部解锁按键处于已按下状态（图 25-15）。

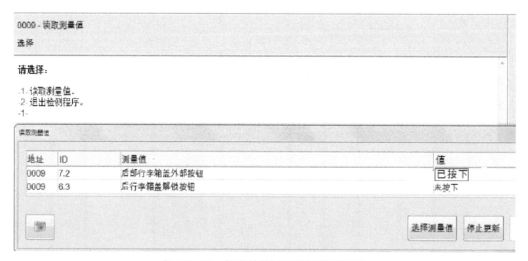

图 25-15　行李舱外部解锁按键已按下

分析故障原因，可能是行李舱外部解锁按键存在卡滞，但更换该开关后故障并没有解决。

查阅电路图（图 25-16）可知，行李舱外部解锁开关是一个接地信号。从 J519 的 T53/13 针脚检查其对地电阻在 20Ω 左右，且来回拉动线束，阻值时有时无。经过检查，该信号线在驾驶员座椅处形成挤压，所以当起动时发动机振动较大，更容易形成短路。

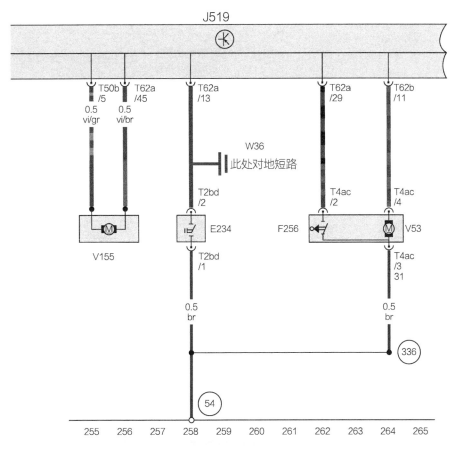

图 25-16　行李舱外部解锁开关 E234 相关电路图

## 排除与总结

修复线束并将线束用扎带绑好，经客户使用一个月后确认故障排除。在故障诊断时，只有清楚系统的控制原理，才能顺利找到故障原因。

# 二十六　蓄电池亏电故障诊断分析

## 故障现象定义

这类故障主要是指车辆由于各种原因导致蓄电池亏电，出现发动机起动困难或不能起动的现象。

> 故障诊断分析流程

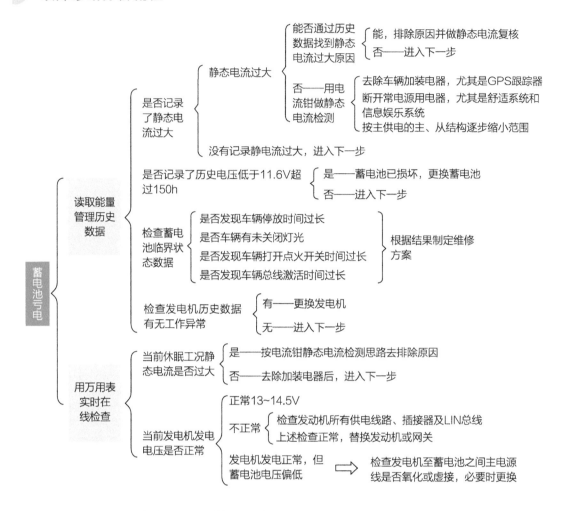

## 案例 1  奥迪 A6L-C7 亏电无法起动

### 车辆信息

| | | |
|---|---|---|
| 车型：C7 2.5L | VIN：LFV5A24G5H3****** | 发动机型号：CLX |
| 变速器型号：0AW | 行驶里程：38024km | 故障频率：偶发 |

> 诊断分析

用诊断仪进入 19 网关读取历史数据，发现该车有静态电流偶尔偏高现象，其他控制单元都有电压过低、功能受限故障。用 VAS6356 测试当前静态电流为 40mA，持续 5min 后，静态电流瞬间升高到 90mA，超出正常范围。

首先拆除车辆附加的用电设备后，再次检查，静态电流无明显变化，仍然偏高。在检查车辆行李舱控制单元静态电流时，发现车辆休眠后，J393 内偶尔有继电器工作的声音，此时静态电流达到 90～110mA，表明总线被唤醒，导致静态电流峰值偏高；或者此时有用电器工作。为了快速准确地排除故障，分别断开车辆总线的控制单元电源部分检查，在断开行李舱 SF 位置 ST3 熔丝架 11 号熔丝时，静态电流下降到 10mA 左右，恢复正常。

### 排除与总结

此熔丝为 30 端子常电，为 J949 紧急呼叫控制单元供电。在紧急呼叫控制单元故障存储器中有控制单元损坏的偶发故障。因 J949 紧急呼叫控制单元内部故障，导致总线无故唤醒，静态电流偏高，车辆亏电不着车。更换 SOS 控制单元后，故障消除，一个星期后回访，未发现亏电不着车现象。

## 案例 2　奥迪 Q3 亏电无法起动

### 车辆信息

| 车型：Q3 2.0T | **VIN**：LFV3B28U1J3****** | 发动机型号：DBRA |
| 变速器型号：0BH | 行驶里程：2460km | 故障频率：偶发 |

### 诊断分析

首先用诊断仪读取了网关内的能量管理历史数据，发现有空载电流超过范围的记录。正常的理论空载电流（静态电流）应在 50mA 以下，实际正常车辆在 7mA 左右。该车空载电流在 110mA 左右，明显超过标准值（图 26-1）。

```
空载电流超出额定范围：

2018-09-14-13:23*0003*0431-00.11 0-0-0-0-0-0*0*01*03063**
2018-09-13-18:58*0014*0351-00.11 0-0-0-0-0-0*0*01**
2018-09-10-14:38*0076*0401-00.11 0-0-0-0-0-0*0*01**
2018-09-10-10:39*0004*0401-00.11 0-0-0-0-0-0*0*01**
2018-09-09-19:05*0013*0431-00.12 0-0-0-0-0-0*0*01**
2018-09-09-15:05*0004*0411-00.11 0-0-0-0-0-0*0*01**
2018-09-09-10:55*0002*0401-00.11 0-0-0-0-0-0*0*01**
2018-09-09-02:38*0005*0441-00.12 0-0-0-0-0-0*0*01**
2018-09-08-22:39*0004*0411-00.12 0-0-0-0-0-0*0*01**
2018-09-08-18:56*0002*0371-00.11 0-0-0-0-0-0*0*01**
```

图 26-1　空载电流超过标准值

读取能量临界状态数据，发现在 2018 年 9 月 14 日驻车 8.7h，有打开点火开关 4.2h，期间网络处于激活状态也是 4.2h；最大静态电流 9.36A；经过这段时间放电后蓄电池达到起动临界状态 11.04V；车辆在行驶 31km 停车休眠后仍有 8.96A 的最大放电量，导致蓄电池电压下降至 7.9V 无法起动（图 26-2）。

根据上述检查得出以下结论：①客户购车 5 个月行驶了 2400km，日行驶里程不足 20km，存在蓄电池充电不足现象；②车辆休眠后仍有静态电流，说明可能存在加装件或是常电源用电器在放电；③客户在临界状态当天打开点火开关 4.2h，耗费了大量的电能。

车辆能量临界状态：

2018-09-14-00:00*+99.99*-13.68*-08.96*07.90*100*02*+00.0*01162*09951*
002465*0-0-0-0-0*0*00.0*00.0*000.0*00*01*03**
2018-09-14-20:55*-00.12*-05.17*-09.36*11.04*000*09*-45.0*01152*09957*
002434*0-0-0-0-0*0*04.2*04.2*008.7*02*01*02**
2018-06-27-16:17*+99.99*-10.85*-10.64*11.50*000*06*-44.8*00614*09962*
000963*0-0-0-0-0*0*04.1*04.1*004.1*00*00*01**
2000-01-01-00:00*+00.00*+00.00*+00.00*00.00*000*00*+00.0*00000*00000*
000000*0-0-0-0-0*0*00.0*00.0*000.0*00*00*00**
2000-01-01-00:00*+00.00*+00.00*+00.00*00.00*000*00*+00.0*00000*00000*
000000*0-0-0-0-0*0*00.0*00.0*000.0*00*00*00**

图 26-2　能量临界状态数据

## 排除过程

装上电流钳实时测量休眠电流为 120mA 左右，且有时电流会瞬间达到 9A 左右。经检查发现客户加装有倒车影像系统，去除该倒车影像控制器后，休眠电流降至 7mA 左右。

## 专家提示

加装的倒车影像控制器采用了 30 常电源且控制单元工作不稳定，经常会激活总线系统，导致静态电流过大。加装电器附件非特殊需要一般建议接在 15+ 电源，防止停车后过度放电。

# 案例 3　奥迪 A8L-D4 亏电无法起动

## 车辆信息

| | | |
|---|---|---|
| 车型：D4 3.0T | VIN：WAUYGB4H5HN****** | 发动机型号：CREG |
| 变速器型号：0D5 | 行驶里程：1889km | 故障现象：一直 |

## 诊断分析

该车用跨接线起动后行驶 10km 熄火，当时发动机就无法再起动。用诊断仪读取网关能量管理数据，发现没有静态电流超出范围记录，但有电压低于 11.6V 的记录长达 1231h（图 26-3）。

控制单元中存储有以下关于<静态电压低于下限 低于11.6 V　>历史数据的条目。

2018-12-03-02:24*00.0*01*01231***
2018-12-03-02:17*00.0*01**
2018-12-03-02:14*00.0*01**
2018-12-03-02:11*00.0*01**
2018-12-03-02:08*00.0*01**
2018-12-03-02:05*00.0*01**
2018-12-03-02:02*00.0*01**

图 26-3　蓄电池低于 11.6V 的记录

当蓄电池电压低于 11.6V 超过 150h，就可能会出现蓄电池过度放电、之后无法进行充电的故障，所以此车蓄电池已确定损坏。既然没有静态电流过大导致亏电，那么是什么原因导致蓄电池亏电了？接着又读取了车辆能量临界状态数据，如图 26-4 所示。客户购车 9 个多月共行驶里程 1889km，大部分时间处于长时间停放状态。由于蓄电池长时间处于严重充电不足，从数据上可以看到客户停车时间有时达 424h（接近 18 天），所以正常的静态电流消耗也会把蓄电池能量耗完。

与<临界能量车辆状态> 历史数据有关的以下条目存储于控制单元中。

2018-12-03-00:04*+00.00*-00.01*+00.61|07.63|100*02*-04.3*00444*09959*001884*0-0-0-0-0-0*0*00.0*00.0|424.8|07*02*02**
2018-12-03-00:00*+00.00*-00.01*+00.00|07.54|000*02*-04.3*00444*09959*001862*0-0-0-0-0-0*0*00.0*00.0|424.8|06*01*02**
2018-09-22-08:21*+00.00*-00.01*-08.20|11.58*|000*07*-03.3*00428*09970*001838*0-0-0-0-0-0*0*00.0*00.0*|828.5|05*00*01**

图 26-4  车辆能量临界状态数据

排除与总结

更换蓄电池并执行匹配，再次用电流钳复查了当前静态电流为 8mA 左右，符合技术规范，检查发电机发电电压为 14.5V，在正常范围之内。现在车辆控制单元很多，该车有 70 多个控制单元，绝大部分有 30 常电源，即使完全休眠也不能保证停放时间超过 10 天后是否能正常起动。如确实需要长时间停放，应断开蓄电池负极，防止过度放电。

## 案例 4  奥迪 A4L-B9 亏电有时无法起动

车辆信息

**车型**：B9 2.0T      **VIN**：LFV3A28W1J3******      **发动机型号**：CWNA

**变速器型号**：0CK      **行驶里程**：23642km      **故障频率**：偶发

诊断分析

客户反映车辆经常在早上不能一次起动成功，且在行驶过程中仪表提示电压低（图 26-5）。

图 26-5  仪表提示蓄电池电压低

读取能量管理历史数据块，发现没有静态电流超过范围记录，但有蓄电池电压低于

11.6V 的记录 287h（图 26-6），说明蓄电池存在过度放电的情况。接着检查了车辆能量临界状态数据，如图 26-7 所示，没有发现有效的数据。

关于历史数据<静态电压过低低于11.6 V>的以下条目存储在控制单元中。

```
000*2018-09-15-17:29*00.2*01*00287**
000*2018-09-14-13:56*00.2*01**
000*2018-09-14-13:42*00.2*01**
000*2018-09-12-20:54*25.5*01**
000*2018-08-24-16:10*00.3*01**
000*2018-08-24-15:47*00.5*01**
```

图 26-6　蓄电池电压低于 11.6V 记录

与<能量临界时的车辆状态> 历史数据有关的以下记录存储于控制单元中。

```
252*2018-09-16-08:57*3*000579*0000*09.6*030*06*-00.3*00184*10000*003C*0103003D*001*00.0*00.0*0000.0**
231*2018-09-07-19:43*1*000483*0000*10.4*000*08*-00.7*00168*10000*0420*00010020*008*00.0*00.0*0000.0**
216*2018-09-04-19:26*1*000444*0000*10.5*000*06*-00.9*00161*10000*0420*00010020*001*00.0*00.0*0000.1**
```

图 26-7　车辆能量临界状态数据

读取了车辆行驶时的能量平衡数据，发现其中存在负的能量平衡。负能量平衡说明车辆可能处于低温行驶、短途行驶或是发动机未发电状况（图 26-8）。

与<行驶时的能量平衡> 历史数据有关的以下记录存储于控制单元中。

```
070*2018-09-21-00:34*021*+26*+000.3*0000*00*00.01**
065*2018-09-21-00:20*000*+26*+000.2*0000*00*00.01**
062*2018-09-21-00:15*000*+26*+000.2*0000*00*00.01**
061*2018-09-21-00:14*000*+26*-000.1*0000*00*00.00**
000*2018-09-21-00:04*000*+26*+008.9*0000*00*00.20**
057*2018-09-21-11:57*002*+21*+001.4*0000*00*00.05**
055*2018-09-21-11:31*030*+21*+000.2*0000*00*00.05**
000*2018-09-21-10:07*031*+21*+008.9*0000*00*00.10**
053*2018-09-21-09:58*032*+20*+000.3*0000*00*00.10**
052*2018-09-21-07:44*033*+21*+000.8*0012*01*00.38**
051*2018-09-21-06:58*033*+21*+000.7*0003*02*00.26**
050*2018-09-20-19:29*037*+31*+000.2*0000*00*00.00**
048*2018-09-20-18:30*037*+30*-001.4*0001*01*00.95**
000*2018-09-20-17:16*040*+29*+009.8*0001*01*00.23**
046*2018-09-20-17:13*040*+29*+000.2*0000*00*00.00**
```

图 26-8　行驶能量平衡数据

读取发动机历史数据记录，发现有发电机调节器存在偶发故障的记录（图 26-9）。综上分析认为是发电机存在偶发性发电不良，导致蓄电池长时间充电不足，蓄电池电量消耗达到极限。

▶ 解决措施

更换发电机与蓄电池并做匹配，然后再次用万用表检查发电量和静态电流，都在正常范围之内，跟踪回访确认故障排除。

检测步骤: 12 V发电机

- 功能调用: c_4m_1_0714_21_generator_historiendaten_00021

检测步骤: 快进

- 检测步骤: 发电机故障原因

控制单元通信 (UDS):
控制单元: 数据总线诊断接口 (LL_GatewUDS)
工作状态: OKAY
+ 服务: DiagnServi_ReadDataByIdentMeasuValue (历史记录数据13)

措施: 信息

上次偶发的发电机故障记录于:
日期: 15.09.2018
时间: 20 : 02

总共记录了以下原因:

41 与客户服务无关
5 发电机调节装置存在故障

图 26-9　发电机故障记录

---

**专家提示**

由于发电机存在偶发故障，如果不从历史数据中读取相关信息，很难在现场实时捕获故障信息，会给诊断带来不确定因素。因此，正确读取并分析能量管理数据是检查蓄电池亏电的一个很重要的手段。

---

# 案例 5　奥迪 Q5L 亏电有时无法起动

## 车辆信息

**车型**: Q5L 2.0T　　　　**VIN**: LFV3B2FY8K3\*\*\*\*\*\*　　　　**发动机型号**: DKRA

**变速器型号**: 0CL　　　　**行驶里程**: 440km　　　　**故障频率**: 偶发

## 诊断分析

客户反映有时停车半个月后无法起动，用诊断仪检查相关系统没有故障码。读取网关 J533 的历史数据块，发现有静态电流过大和蓄电池达到临界状态的记录（图 26-10 和图 26-11）。

措施: 信息
控制单元中存储有以下关于<静态电流超出上限> 历史数据的记录。

133\*2019-11-01-10:04\*0170.4\*000|00138|0000\*01\*00748\*\*
133\*2019-11-01-02:39\*0007.3\*010|00142|0000\*01\*\*
133\*2019-10-23-22:00\*0196.2\*057|00134|0000\*01\*\*
133\*2019-10-23-18:00\*0004.0\*052|00135|0000\*01\*\*
132\*2019-10-20-19:59\*0068.1\*061|00133|0000\*01\*\*
132\*2019-10-20-15:58\*0004.0\*062|00136|0000\*01\*\*
129\*2019-10-19-21:32\*0015.8\*064|00137|0000\*01\*\*
129\*2019-10-19-17:32\*0004.0\*057|00147|0000\*01\*\*
127\*2019-10-19-05:13\*0010.4\*011|00144|0000\*01\*\*
127\*2019-10-08-01:02\*0266.7\*060|00130|0000\*01\*\*

静态电流大小与行车记录仪吻合
- 按下按钮 ▶ 完成/继续，以继续执行程序。

图 26-10　静态电流过大的记录

- 检测步骤: 能量临界车辆状态

措施: 信息
与<能量临界时的车辆状态>历史数据有关的以下记录存储于控制单元中。

000*2019-11-01-09:03*1*000400*0142|11.7|000*06|-29.8|00191*09960*0000*0107003D*001*00.0*00.0|0208.1|*

蓄电池电压　本次能量损耗29.8Ah　　　　　　　　　　总的驻车时间

提示
在控制单元中保存了比此处显示的更多的数据集，仅显示写入的数据记录。

- 按下按钮 完成/继续，以继续执行程序。

图26-11　临界状态数据

从上述数据记录可以看出，车辆在休眠后仍偶尔有放电量在130mA左右的静态电流，而且总的静态电流过大时间为748h；蓄电池临界状态数据显示车辆在驻车208h后，能量消耗达到29.8A·h，此时蓄电池电压为11.7V，达到起动机的临界点。数据记录与客户描述不能起动的时间一致。

### 排除过程

用电流钳实时测量车辆静态电流为7mA，是正常的，数据记录显示这种故障是偶发的。依据过去维修经验，这种情况一般是由于加装在车内后视镜底座上的无线行车记录仪异常放电所致。尝试人为在休眠状态下激活行车记录仪，显示电流一直在130mA左右（图26-12）。

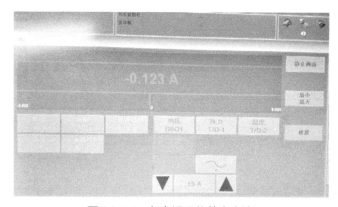

图26-12　行车记录仪放电电流

关闭行车记录仪后静态电流下降为7mA，说明静态电流过大是由于行车记录仪异常工作导致。拆除行车记录仪并对蓄电池进行了充电后故障排除。

专家提示

偶发性静态电流过大，有时无法通过电流钳实时捕捉到。充分利用网关内的历史数据结合分析，可有效地提高维修效率和一次修复率。

# 二十七　灯光系统工作不正常诊断分析

## 故障现象定义

灯光系统主要故障现象是前照灯、尾灯、日间行车灯和信号灯无法亮起，高度不能调节以及仪表灯光系统报警。

## 故障诊断分析流程

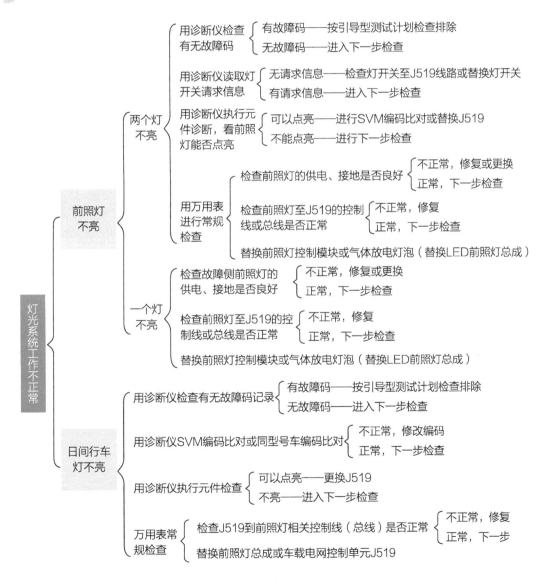

# 案例 1　奥迪 A6L-C7 日间行车灯工作不正常

**车辆信息**

车型：C7 2.5L　　　　　发动机型号：CLXA　　　　变速器型号：0AW

行驶里程：68685km　　　VIN：LFV5A24G1F3******　故障频率：一直

## 诊断分析

仪表中的日间行车灯报警（图 27-1），现场检查发现日间行车灯在灯光开关处于非"0"位时均不能点亮，但在 0 位打开点火开关却能点亮（图 27-2）。

用诊断仪检查 09 车载电网控制单元里有故障码"VAG02895: 左侧日间行驶灯和侧灯 LED 模块的供电电路电气故障间歇性问题"和"VAG02897: 右侧日间行驶灯和侧灯 LED 模块的供电电路电气故障间歇性问题"。

图 27-1　仪表日间行车灯报警

根据引导型测试计划提示，需检查以下内容：①日间行车灯、停车灯 LED 模块和车载电网控制单元 J519 之间的线路和插接器是否存在虚接或腐蚀现象；②检查相关控制单元的供电和搭铁是否正常；③ J519 或日间行车灯控制单元左 / 右内部是否有故障。相关电路图如图 27-3 所示。

因为日间行车灯模块供电、搭铁和控制信号均直接来自 J519，且日间行车灯在 0 位时仍可以点亮，所以分析可能是 J519 或者 L176、L177 损坏。

图 27-2　日间行车灯不亮

## 排除过程

首先做左右两侧日间行车灯模块和 J519 之间的插接器和线路常规检查，结果不存在虚接或腐蚀；接着检查 J519 所有供电和搭铁，没有发现问题；做日间行车灯执行元件诊断，可以在灯光开关各个档位点亮；读取灯光开关数据流，各档均能正确显示相应数据。综合上述检查分析，认为是 J519 内部软件控制逻辑出现了问题，由于没有相关升级软件，决定更换 J519 总成。更换 J519 并做完各种匹配后，日间行车灯功能恢复正常。

**专家提示**

该故障是典型的软件控制逻辑故障，所以在执行元件诊断时可以正常工作。虽然从一开始故障原因就指向了 J519，但是常规检查工作仍不能省略，因为有时线路虚接或加装也有可能导致各种问题。做常规检查就是要进一步提高一次修复率，进而提升客户满意度。

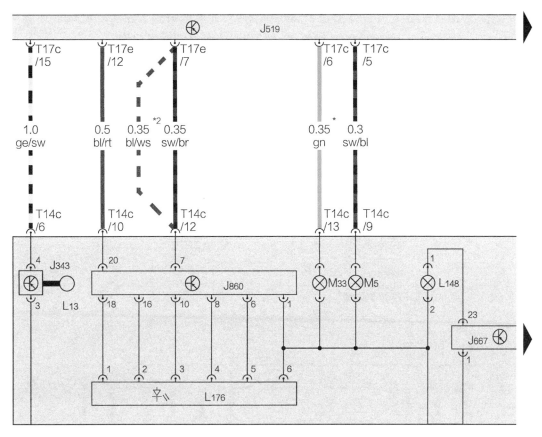

图 27-3　左侧日间行车灯电路图

## 案例 2　奥迪 A6L-C6 仪表灯光系统报警

### 车辆信息

**车型**：奥迪 C6 2.8L　　　　**发动机型号**：BDX　　　　**变速器型号**：01J

**VIN**：LFV5A24F493******　　**行驶里程**：86349km　　　　**故障频率**：一直

### 诊断分析

该车仪表灯光系统报警（图 27-4），用诊断仪检查 55 动态前照灯光程控制单元里有故障码"VAG02629：摆动模块位置传感器，左侧信号不可信"（图 27-5）。根据引导型故障测试计划提示，检查 AFS 模块的电源是否正常，如正常则更换左侧前照灯总成。

查阅 ELSA 电路图得知，左侧摆动传感器 G474 集在左侧前照灯内。G474 与弯道灯控制单元 J745 连接（图 27-6）。首先检查了 J745 的 T14a/14 是否有搭铁和 J745 的 T14a/1 供电是否正常，检查电源

图 27-4　仪表灯光系统报警

供给正常。弯道灯控制单元 J745 通过子总线和前照灯照明距离调节控制单元 J431 连接，并且通过 J431 进行诊断。检查 J745 至 J431 的子总线没有断路和虚接现象。

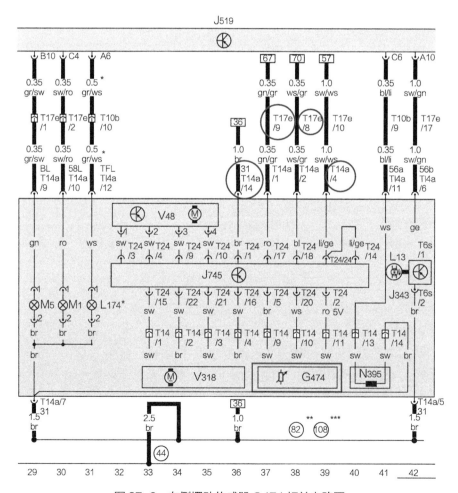

图 27-5　动态前照灯光程控制单元内的故障码

图 27-6　左侧摆动传感器 G474 相关电路图

### 解决措施

此时认为是位于左前照灯内的摆动传感器 G474 存在故障，但该车使用年限较长，客户希望能少花钱来解决问题。进一步检查发现左前照灯凸透镜偏向一侧，而右前照灯凸透镜则在中间位置。难道是摆动调节机构卡滞导致传感器报警？打开左前照灯后盖，手动转动摆动机构蜗轮，将凸透镜转到中间位置（图 27-7、图 27-8）。将灯光开关置于 Auto 档，经长距离路试，确认故障排除。

图 27-7　前照灯摆动调节机构

图 27-8　摆动传感器 G474

**专家小贴士**

　　该车因使用年限较长，导致前照灯摆动调节装置卡滞在一侧位置，此时控制单元认为是 G474 位置不可信。如不认真检查并尝试解决方案，直接给客户更换左前照灯是可以解决故障，但会给客户造成较大经济压力，同时客户满意度也会下降。

## 案例 3　一汽大众迈腾没有远光

### 车辆信息

| | | |
|---|---|---|
| **车型**：迈腾　1.8T | **VIN**：LFV3A23C9B3****** | **发动机型号**：CEA |
| **行驶里程**：56389km | **变速器型号**：DQ200 | **故障频率**：一直 |

### 诊断分析

用诊断仪检查相关系统无故障码存储。根据灯光故障诊断分析流程，判断可能原因是车载电网控制单元 J519 没有收到远光请求信号、J519 自身损坏无法输出控制信号、远光灯灯泡或线路存在故障。

首先进行了远光执行元件诊断，发现在执行元件诊断时远光灯可以点亮，说明从 J519 到两侧远光灯的控制线路及远光灯供电、接地和灯泡是正常的。接着在 J527 内读取远光灯开关的请求信号，发现当远光灯开关接通或关闭时数据没有发生变化（图 27-9）。

对比正常车数据发现，当远光开关接通时其占空比变为 14.50%，说明 J527 转向柱控制单元没有收到远光请求，在这种情况下自然就不会点亮远光灯（图 27-10）。

| J527-读取测量值UDS | |
| --- | --- |
| 读取测量值 | |
| 测量值 | 结果 |
| 开关原始数据/左侧轴向操纵杆2（定速巡 | 0.00 % |
| 开关原始数据/左侧轴向操纵杆3（开/取消 | 68.62 % |
| 开关原始数据/左侧水平操纵杆（车灯） | 51.76 % |
| 开关原始数据/左侧纵向操纵杆（转向灯） | 31.76 % |

图 27-9 远光请求信号不变化

| J527-读取测量值UDS | |
| --- | --- |
| 读取测量值 | |
| 测量值 | 结果 |
| 开关原始数据/左侧轴向操纵杆2（定速巡 | 0.00 % |
| 开关原始数据/左侧轴向操纵杆3（开/取消 | 69.01 % |
| 开关原始数据/左侧水平操纵杆（车灯） | 14.50 % |
| 开关原始数据/左侧纵向操纵杆（转向灯） | 31.76 % |

图 27-10 远光开关已接通

**排除与总结**

由于远光灯开关集成在转向柱控制单元 J527 内，所以决定更换转向柱控制单元 J527。更换 J527 并做在线编码和转角传感器 G85 的匹配后故障消除。当碰到此类故障现象时，要有效地进行切割分析，之后根据其工作原理就可以顺利找到故障原因。

## 案例 4　奥迪 A6L-C7PA 自适应前照灯报警

**车辆信息**

车型：C7PA-3.0T　　　　　VIN：LFV6A24G3J3******　　　发动机型号：CTDB

变速器型号：0B5　　　　　行驶里程：44262km　　　　　故障频率：一直

**诊断分析**

诊断仪检查 55 前照灯照明距离调节装置控制单元内有故障码"C117501：左侧点阵远光灯 电气故障　主动/静态"，如图 27-11 所示。

根据引导型功能提示，需要交换左右两侧的点阵 LED 前照灯电源模块（图 27-12），交换后再次执行元件测试，经测试需要更换大灯总成。

地址: 0055 系统名: 55 - 前照灯照明距离调节装置（Matrixbeam）协议改版: UDS/ISOTP (Ereignisse: 1)

[+] 识别:

[-] 故障存储器记录 (数据源:车辆):

　　故障存储器记录
　　编号：　　　　　　　　　　　　　　C117501: 左侧点阵远光灯 电气故障
　　故障类型 2：　　　　　　　　　　　主动/静态
　　症状：　　　　　　　　　　　　　　5337347
　　状态：　　　　　　　　　　　　　　10001001

　　[-] 高级环境条件:
　　　优先权　　　　　　　　　　　　　2
　　　故障频率计数器　　　　　　　　　12
　　　计数器未学习　　　　　　　　　　210
　　　行驶里程　　　　　　　　　　　　40162　　　　　　　　　km

图 27-11 前照灯照明距离调节装置控制单元内的故障码

<u>检测步骤: 分析故障存储器</u>

☐ <u>检测步骤: 交换电源模块</u>

　　措施: **信息**
　　- 关闭点火开关。

　　措施: **信息**
　　- 交换左侧/右侧点阵LED大灯电源模块。

　　☒ *提示:*
　　*确保正确重新连接两个输出级。*

　　- 紧接着接通点火开关。

　　措施: **信息**
　　按下按钮完成后部件（左侧远光灯-M30）通过动作器测试功能诊断。功能在10 s后自动结束。

图 27-12　交换左右点阵 LED 电源模块

　　查阅相关电路图（图 27-13）得知，左侧远光灯 M30 所有 LED 都受左侧矩阵光束功率模块 A44 控制。A44 有一路供电线路和一路接地线路，之后通过子总线和前照灯照明距离调节装置控制单元 J431 进行通信；J431 是 A44 的主控单元。

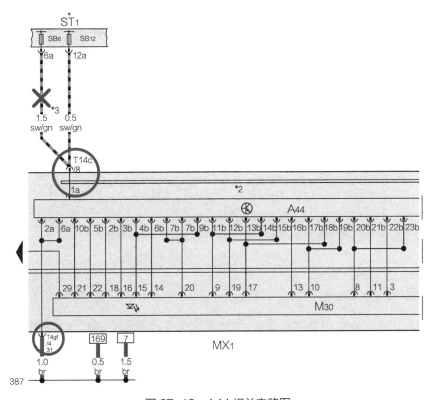

图 27-13　A44 相关电路图

　　仪表灯光报警仅处于远光模式下才会触发，来回切换远/近光灯，发现左侧远光矩阵 LED 最内侧一组居然不亮（图 27-14）。

　　对比右侧远光矩阵 LED，其内侧 LED 也是点亮的，而且由于其他 3 组远光 LED 能亮，说明 A44 的供电、接地和通信是正常的。此时故障原因就剩两种可能：

图 27-14　左侧远光矩阵光束有一组不亮

左侧矩阵光束前照灯功率模块损坏；矩阵 LED 存在故障，只能整体更换前照灯。

### 排除过程

经查阅维修手册可知，之前更换的 LED 前照灯功率模块是错误的，正确的 A44 位置是图 27-15 中 3 的位置。对调左 / 右矩阵光束前照灯功率模块 A44 和 A45 后，故障转移，确认是左侧矩阵光束前照灯功率模块 A44 损坏。

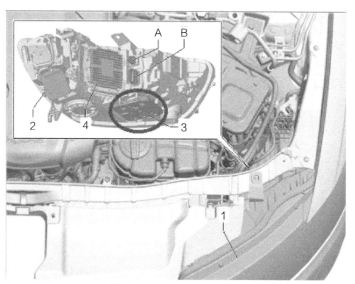

1—左前照灯 -MX1-/ 右前照灯 -MX2-
2—左侧 LED 前照灯功率模块 2-A32-/ 右侧 LED 前照灯功率模块 2-A28-
3—左侧矩阵光束前照灯功率模块 -A44-/ 右侧矩阵光束前照灯功率模块 -A45-
4—左侧 LED 前照灯功率模块 1-A31-/ 右侧 LED 前照灯功率模块 1-A27-
A—4 芯插头连接 -T4gf-/4 芯插头连接 -T4gg-
B—14 芯插头连接 -T14c-，黑色 /14 芯插头连接 -T14d-，黑色

图 27-15　前照灯上的控制模块位置

### 专家提示

A32 是日间行车灯 LED 功率模块，A31 是左侧弯道灯和左侧近光灯 LED 功率模块，A44 是左侧矩阵远光束前照灯功率模块。在维修手册和电路图中并没有明确标出哪一个是具体控制哪些 LED 的功率控制模块，我们可以从控制模块上面连接的 LED 灯泡的编码来反推每个模块的具体功能。

## 案例 5　奥迪 A6L-C7 左前照灯不亮

### 车辆信息

| | | |
|---|---|---|
| 车型：C7-2.0T | VIN：LFV3A24G0F3****** | 发动机型号：CDZ |
| 变速器型号：0AW | 行驶里程：74653km | 故障频率：间歇 |

## 诊断分析

用诊断仪检查 09 车辆电气系统有故障码"VAG00978：左侧近光灯电路电气故障间歇性问题"，如图 27-16 所示。

**地址: 0009 系统名: 09 - 车辆电气系统 协议改版: KWP2000/TP20** (故障: 1)

☐ **识别:**

☐ **故障存储器记录:**

**故障存储器记录**
| | |
|---|---|
| 编号: | VAG00978：左侧近光灯 |
| 故障类型 1: | 电路电气故障 |
| 故障类型 2: | 间歇性问题 |

☐ **标准环境条件:**

| | |
|---|---|
| 日期: | 20-2-27 |
| 时间: | 16：10：00 |
| 里程（DTC）: | 74425 |
| 优先等级: | 2 |
| 频率计数器: | 3 |
| 遗忘计数器/驾驶周期: | 34 |

图 27-16  车身电气系统内的故障码

由于是偶发故障，根据引导型测试计划结果提示，可能是气体放电灯泡、气体放电灯泡控制单元或车灯总成以及 J519 的故障，无法锁定具体故障原因（图 27-17）。

该车左侧近光灯打开 15min 左右会自动熄灭，根据控制单元发热容易出现工作不稳定的现象，尝试对调气体放电灯泡控制模块后故障排除。气体放电灯泡控制模块位置如图 27-18 所示。

**措施: 信息**
发现不明故障，无法利用引导性故障查寻修理故障。

**可能存在故障的部件：**

⬛ 左侧气体放电灯-L13

⬛ 左侧气体放电灯控制单元-J343

⬛ 大灯

⬛ 车载电源控制单元-J519

图 27-17  诊断仪检查结果

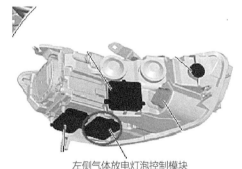

左侧气体放电灯泡控制模块

图 27-18  气体放电灯泡控制模块位置

🔑 **专家提示**

此类车辆处于静态下的间歇性故障，控制单元出现故障的可能性极高；而车辆在动态行驶过程中出的间歇性故障，大部分是线路虚接导致。

# 二十八　天窗漏水故障诊断分析

## 故障现象定义

故障现象表示为顶篷前部左 A 柱或右 A 柱处及顶篷后部左 D 柱或右 D 柱处有明显的水渍；有时也会同时出现在两侧。

## 故障诊断分析流程

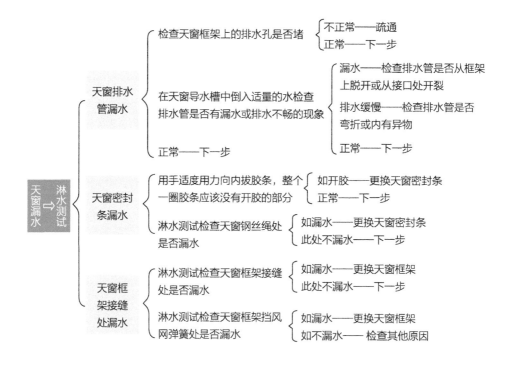

专家小贴士

　　如上述检查没有发现漏水点，应该检查天窗玻璃盖板上的密封条是否缺损、天窗玻璃盖板与车顶高度和缝隙是否合适，以及了解客户漏水时的使用工况（如停车在坡度较大位置，可能会因倾斜导致水从天窗导水槽中溢流）。总之，对于天窗漏水要按照是否过多的雨水进入天窗排水槽、天窗排水系统是否有渗漏和天窗排水系统有堵塞这三个方面进行检查，一定要尽量模拟出漏水的工况才能准确判断出故障原因。

# 案例 1　奥迪 A4L–B9 天窗漏水

## 车辆信息

车型：B9 2.0T　　　　VIN：LFV3A28W3G30******　　发动机型号：CWN

行驶里程：42613km　　变速器型号：0CK　　　　　故障频率：偶发

## 故障现象

客户反映车内顶篷前部左侧有明显的水渍。

## 诊断分析

现场检查顶篷前部左侧有明显的水渍，且驾驶员脚坑有大量积水。拆下顶篷饰板，在天窗排水槽中倒水，发现在左侧排水管接口处有大量水珠滴出，如图 28-1 所示。

图 28-1　天窗排水管接口处漏水

## 排除与总结

该排水管接口处采用了热熔工艺，出现漏水现象可以更换排水管或使用奥迪专用的车身密封胶粘接，效果也不错。在天窗漏水检查时一定要模拟漏水现象，将相关所有可能原因都进行详细检查，才能做到一次修复。

# 案例 2　奥迪 A6L–C7 天窗漏水

## 车辆信息

车型：C7 2.5L　　　　VIN：LFV5A24G3G3******　　发动机型号：CLX

变速器型号：0AW　　　行驶里程：42406km　　　　故障频率：偶发

## 故障现象

客户反映顶篷前部双侧有明显的水渍，如图 28-2 所示。

## 诊断分析

首先检查天窗框架排水孔没有堵塞；尝试往天窗排水槽内倒入适量的水，发现排水管通畅无阻且无漏水现象。用手适度用力向内拉天窗框架与车顶密封条，发现有一处双面胶明显存在粘接不牢（图 28-3）。现场模拟淋水测试，发现水从天窗框架的钢丝轨道处漏出。最后确认天窗漏水是由于车顶密封条粘接不当导致。

图 28-2　顶篷上的水渍

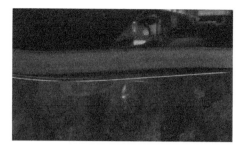

图 28-3　车顶密封条与车顶钣金件粘接不可靠

**排除与总结**

出现类似故障必须更换全新的车顶密封条，并用专用的清洁剂彻底去除附着在车顶钣金件上的双面胶残留胶渍。在安装新密封条前先用热风枪烘干车顶钣金件并涂敷黏接剂 D 355 205 A2，待黏接剂自然干燥 10min 后再安装车顶密封条（图 28-4）。注意此步骤非常关键，如不按规程操作则可能出现返修。

图 28-4　专用清洁剂与黏接剂

## 案例 3　奥迪 A6L-C7 左前顶篷有水渍

**车辆信息**

| | | |
|---|---|---|
| 车型：C7 2.5L | VIN：LFV5A24G3D3****** | 发动机型号：CLX |
| 行驶里程：112653km | 变速器型号：0CK | 故障频率：偶发 |

**诊断分析**

检查天窗排水孔没有堵塞；检查车顶密封条没有开胶现象；尝试向天窗排水管倒入适量的水，发现天窗排水管路不存在漏水和堵塞现象。模拟下雨情景淋水，不到半个小时就发现天窗框架接缝处漏出大量的水珠（图 28-5）。由此确定是由于天窗框架接合处密封不良导致漏水。

**排除与总结**

图 28-5　天窗框架接缝处漏水

更换全新的天窗框架即可解决问题，天窗框架在组装时在它的接合面内部打有密封胶。如后期因天窗框架漏水想采用打胶处理，只能打在接缝的表面，往往持久性差。在更换完天窗框架后一定要再次进行淋水测试，确保故障排除。